VUES

SUR LA

RÉORGANISATION

DE LA FRANCE.

VUES

SUR LA

RÉORGANISATION

DE LA FRANCE

PAR LE Mis AMÉDÉE DE GOUVELLO

Ancien diplomate, ancien Conseiller général.

VANNES

IMPRIMERIE DE L. GALLES, RUE DE LA PRÉFECTURE.

—

1871.

I

En présence des funestes événements qui se succèdent depuis quelques mois en France, il convien de jeter un coup-d'œil sur le passé, d'indiquer les causes de nos désastres et de chercher les moyens d'éviter à l'avenir de suivre les mêmes errements, de tomber dans les mêmes fautes.

Depuis le moment où notre malheureux pays a subi l'affreux déchirement de la première révolution, nous avons marché, il faut bien en convenir, dans une voie fausse à plus d'un point de vue. Entraînés sur une pente rapide, malgré les temps d'arrêt qu'on a essayé parfois de nous donner, nous sommes arrivés, en moins d'un siècle, au fond d'un abîme d'où il ne sera possible de nous arracher qu'en employant des moyens immédiats et énergiques. Sans quoi nous continuerons à nous débattre en épuisant de plus en plus nos forces, et l'avenir ne nous apportera que tristesses et déceptions.

A Dieu ne plaise que nous désespérions du salut de notre patrie! Nous conservons assez de confiance dans le bon sens et dans le dévouement des hommes destinés à entreprendre l'œuvre de notre régénération sociale pour douter du succès de leurs efforts ; mais nous considérons comme un devoir pour tous ceux qui peuvent les seconder dans une certaine mesure, d'entrer en campagne et de leur apporter le concours de leur expérience et de leur savoir-faire.

Arracher violemment du pouvoir les possesseurs du sol, amoindrir leur influence ou les dépopulariser, prendre leur place et fausser les sentiments publics à leur égard, tel a été, depuis 89, le but principal d'hommes qui n'ont reculé devant aucun moyen pour satisfaire leur ambition, tel est le point de départ de cette perturbation sociale dont la France s'efforce en vain de triompher et dont les résultats devaient tôt ou tard lui être si funestes !

Réagir contre un tel état de choses n'est pas assurément tâche facile, car il faut détruire des préjugés, mettre en lumière des vérités, combattre de fâcheuses tendances, imposer des idées moralisatrices ; il faut, en un mot, battre en brèche la Révolution.

Suivant nous, le salut de la France est à ce prix, et s'il ne se trouvait pas assez d'hommes de cœur, d'abnégation et d'énergie pour entreprendre une telle œuvre, nous assisterions au navrant spectacle que donnait à ses sujets l'Empire romain, lorsqu'il marchait à grands pas vers les abîmes de la décadence. Loin d'envisager une si affreuse perspective, laissons-la se perdre dans les nuages de l'impossible et demandons au passé des enseignements de nature à sauvegarder l'avenir.

L'Empire, la Restauration et les gouvernements qui lui ont succédé n'ayant pas été de force à dominer certaines idées révolutionnaires répandues et imposées par la République, il semble naturel de chercher la cause de leur impuissance et de leur chute dans un système qu'ils ont tous accepté, mis en vigueur et développé sans prévoir qu'il devait contribuer grandement à leur ruine.

Entraînés tôt ou tard vers le despotisme, les pouvoirs qui se sont succédé pendant quatre-vingts ans à la tête de la France, auraient eu besoin, pour suivre les voies libérales dans lesquelles ils avaient la prétention et parfois le désir de marcher, d'être entravés par l'indépendance et le dévouement au pays d'administrateurs loyaux et désintéressés ; en d'autres termes, on peut attribuer la chute des gouvernements qui ont dirigé la France depuis 89 au système centralisateur qu'ils ont exploité, et supposer qu'ils n'eussent point commis aussi aisément les fautes dont ils ont été victimes, s'ils eussent inauguré le système pondérateur de la décentralisation.

L'étude de la philosophie de l'histoire serait assurément bien difficile dans un pays comme le nôtre où tant de régimes se sont succédé depuis un siècle sans pouvoir prendre solidement racine, si l'on n'établissait pas deux grandes divisions entre les partis qui tour-à-tour ont dirigé les affaires publiques. S'il fallait passer en revue légitimistes, orléanistes purs, orléanistes fusionistes, bonapartistes, républicains modérés, socialistes et tant d'autres dont les systèmes varient suivant les circonstances et se prêtent à leurs désirs ambitieux, on n'en finirait pas ; mais pour éviter de se perdre dans un tel labyrinthe d'idées et d'utopies, il convient de classer les hommes politiques en conservateurs et en révolutionnaires. Pour ceux-là, en dehors du pouvoir basé sur l'hérédité, il n'y a que bouleversements et déceptions ; pour ceux-ci, au contraire, il faut chercher dans le renversement du pouvoir un moyen de satisfaire leurs idées égoïstes, et leurs ambitieuses aspirations. Sacrifier sa personnalité aux intérêts généraux du pays est le fait des uns, fouler aux pieds les institutions moralisatrices et fécondes de la tradition pour satisfaire ses intérêts personnels caractérise les autres.

Pourquoi l'Angleterre, qui pourtant a eu sa révolution, ne s'est-elle pas laissée entraîner sur cette funeste pente où les partisans de Cromwel la précipitaient ? C'est parce que le patriotisme de ses sujets l'a emporté sur leur égoïsme, ou plutôt parce qu'ils ont compris qu'une condition *sine qua non* de leur prospérité était le développement pacifique des institutions conservatrices, et n'ont reculé devant aucun sacrifice pour concourir au salut et à la grandeur de la Mère-Patrie. Aussi la Révolution n'a-t-elle pas pu y accomplir, comme en France, son programme dévastateur ; car elle n'a pas eu le temps de saper l'édifice monarchique par la base et de substituer le despotisme démocratique à l'influence aristocratique.

Si chacun consentait à s'oublier pour écouter la voix de son patriotisme et pour n'envisager les grandes questions gouvernementales et sociales qu'au point de vue des intérêts du pays, combien la tâche des conservateurs serait simplifiée ! En France le pouvoir est parvenu par la centralisation à paralyser toutes les aspirations libérales en dominant ou en flattant les ambitieux : en Angleterre, au contraire, il a favorisé le développement d'une sage liberté en laissant faire le patriotisme et l'initiative privée. Pour ne pas dépasser les limites de ce travail, nous ne poursuivrons pas plus loin la comparaison entre les deux nations, et nous nous contenterons de faire remarquer que, si sur cette terre du progrès et de la civilisation la plupart des idées préconisées par notre révolution n'ont pas trouvé accès plus que sur le continent européen, c'est parce qu'elles renfermaient des éléments de despotisme et d'amoindrissement, tout en affectant les allures les plus libérales et les plus progressives.

Sous prétexte d'accomplir d'une façon radicale l'abolition des priviléges, le gouvernement de 90 imagina la suppression de la province, et lui substitua le département pour pouvoir plus aisément dominer le pays divisé et privé de son organisation séculaire. En agissant ainsi, il voulait se donner bien plus un instrument d'élection qu'un cadre d'administration, et détruire le souvenir des traditions provinciales.

Si la Révolution française usait à outrance de la centralisation, la féodalité n'exagérait pas moins la décentralisation ; aussi devait-elle inspirer au roi, son seigneur et maître, le désir le plus vif de la transformer, ou même, au besoin, de la supprimer. Chose étrange ! Ce fut la Révolution qui acheva l'œuvre entreprise par Richelieu. Ce fut elle qui, dans son despotime sans bornes, renversa l'édifice féodal violemment ébranlé par nos rois. Assurément si elle s'en fût tenue là, on n'eût point songé à la vilipender.

. Le despotisme et la centralisation administrative sont tellement liés ensemble que l'un engendre toujours l'autre. Aussi, Richelieu, Mazarin, la République, l'Empire centralisèrent pour développer leur despotisme, et Louis XVIII, Charles X, Louis-Philippe, malgré leurs aspirations libérales, furent entraînés vers l'absolutisme par leur administration essentiellement centralisatrice. Enfin la tyrannie du second Empire s'exerça dans des conditions d'autant plus absorbantes qu'il pratiqua la centralisation à outrance.

La France manque d'hommes d'Etat, non-seulement parce que le régime centralisateur amoindrit ceux qui lui servent d'instrument, mais aussi parce qu'il n'existe pas d'école politique où ces hommes puissent se former. Nous avons eu pour ministres, depuis vingt ans, des littérateurs, des légistes, quelques spécialités, des avocats, surtout des avocats, et parfois de grands propriétaires. Assurément ce sont ceux appartenant à cette dernière catégorie qui offraient le plus de garanties à tous égards, mais lorsqu'ils arrivaient aux affaires, ils avaient trop à apprendre pour saisir, de main de maître, la direction qu'ils acceptaient. Il ne pouvait en être autrement, car la plupart du temps ils n'avaient étudié politique et administration qu'à la Chambre, au milieu du tourbillon parisien, ou dans les assemblées départementales dont l'insignifiance est depuis longtemps avérée.

« Ce qui frappe lorsqu'on étudie le mécanisme de l'administration départementale, c'est l'exiguité des intérêts confiés aux délibérations des Conseils généraux. Il n'y a pas de Société anonyme, quelque minime qu'elle soit, dont les administrateurs n'aient à régler des questions bien plus importantes et par la somme des intérêts et par le nombre des intéressés. Réduits, dans les discussions financières, à discuter l'emploi des centimes additionnels ; dans les questions d'enseignement à la surveillance bien indirecte des écoles primaires, rarement des lycées de 3ᵉ ou 4ᵉ ordre, impuissants dans les questions politiques, nuls dans les questions religieuses, les

Conseils généraux ne représentent même pas le peu d'existence intellectuelle qui survit encore dans les départements, et quand même ils la représenteraient, ce ne pourrait être qu'une existence étouffée, manquant d'air et d'espace. Il ne peut résulter de là qu'un appauvrissement moral ; car les facultés humaines se tiennent au niveau des institutions ; les petits intérêts font les petits esprits. Pour l'intelligence comme pour la matière, il faut un milieu générateur et des éléments de fécondation. Or, le département actuel, même avec une extension de franchises, est un milieu trop étroit pour les organisations puissantes ; elles chercheraient toujours un théâtre plus digne des nobles ambitions (*). »

Il n'en serait pas de même si la France possédait des assemblées provinciales où l'on étudierait sérieusement et librement la plupart des questions traitées sous de fâcheuses influences depuis près d'un demi-siècle dans nos Chambres. Il n'en serait pas de même si ces assemblées choisissaient dans leur sein l'homme chargé de les représenter et de faire exécuter leurs décisions, c'est-à-dire, si elles nommaient le gouverneur ou préfet destiné à gérer avec elles pendant cinq ans les affaires de la Province. Car alors le pays posséderait des hommes habitués à envisager sous toutes leurs faces les questions politiques et administratives.

(*) *La Province, ce qu'elle est, ce qu'elle doit être ;* par *Elias Régnault.*

Tout français qui écrira l'histoire des vingt années comprises entre 1850 et 1870, avec impartialité et connaissance de cause, aura le cœur serré en disant jusqu'où a pu aller l'abaissement de son pays sous l'influence du servilisme imposé à toute une nation par les séides corrompus d'un coupable despote. Ne voulant pas nous imposer cette triste tâche, nous nous contenterons de constater que, sous ce règne de l'aveuglement et de l'ineptie, le pouvoir centralisateur et personnel s'était développé dans des conditions telles qu'il n'était plus possible d'avoir sa part de liberté et d'égalité devant la loi à moins de sacrifier au veau d'or impérial. Rapportant tout à sa volonté dominatrice, l'homme du 2 décembre parvint d'autant plus aisément à amoindrir les individualités et les caractères que les hommes de valeur durent ou subir son joug, ou s'épuiser dans une lutte inégale.

Les scandales et les envahissements du pouvoir personnel prirent de telles proportions qu'il ne fut pas possible au gouvernement impérial d'empêcher les aspirations décentralisatrices de se faire jour et de se manifester sous toutes sortes de formes. Mais tout en semblant se rendre à l'évidence, ce pouvoir d'une duplicité sans égale travaillait toujours à réunir dans sa main les fils les plus infimes du réseau administratif. Nous pourrions le prouver par bien des exemples, un seul suffira.

On sait combien la direction de l'assistance publique laisse à désirer en France ; mais on ignore généralement pourquoi il en est ainsi. Une loi de 1811 règlementait entre autres l'éducation des enfants assistés. Elle confiait aux Conseils généraux, aux hospices, aux Sœurs de charité, le soin de veiller sur ces pauvres orphelins auxquels il faut tacher de donner une famille factice. Ne trouvant pas suffisantes les précautions prises par la loi, on imagina de remplacer la surveillance sur place des Sœurs de charité par celle d'inspecteurs et de comités locaux. Cela n'enlevait point aux départements la direction de leurs pupilles, et une étude approfondie de la question les eût certainement conduits, dans un temps donné, à perfectionner le système mis en pratique. Mais le Gouvernement, au lieu de les pousser dans cette voie, afin d'absorber la direction de ce service, sous prétexte de décharger les budgets départementaux du traitement des inspecteurs, s'en chargea et trouva ainsi moyen de faire de ces agents, du moment où il les eut en main, les véritables directeurs des enfants assistés. Les inconvénients résultant de cette transformation essentiellement centralisatrice frappèrent bon nombre de personnes charitables. C'était prendre la question tout-à-fait à rebours, car pour améliorer la loi de 1811, il eût fallu perfectionner ce qu'elle avait de bon, en développant le plus possible la surveillance et la direction locale des orphelins, au lieu de lui enlever son principal caractère. Il eût fallut se servir des Sœurs de charité pour stimuler le zèle des comités locaux, au lieu d'imposer à ces comités des inspecteurs trop souvent jaloux de leur autorité et désirant avant tout qu'on s'insinue le moins possible dans leurs affaires : tendance d'autant plus fâcheuse qu'elle prive en maintes circonstances le service des enfants assistés du puissant auxiliaire que trouve toujours la charité dans l'initiative privée.

Pour bien juger la centralisation, pour y distinguer ce qui la constitue et ce qui s'y mêle, il faut la voir à l'œuvre et la suivre pas à pas dans une affaire déterminée.

« Il s'agit, je suppose, d'établir un abattoir. La ville qui en a le projet n'en a pas les fonds : il faut qu'elle emprute, sauf à se couvrir par un péage sur la boucherie ; elle n'en a pas le terrain : il faut qu'elle exproprie. En outre cette ville est cernée de tous côtés par une forêt, et cette forêt appartient à la liste civile, autant de circonstances, autant de complications qui font de cette affaire un échantillon administratif très satisfaisant. Atelier insalubre, expropriation, emprunt, tarif d'abattage qui se résout en impôt de consommation, liste civile, administration forestière, influences diverses, rien n'y manque de ce qui peut hérisser et prolonger une affaire. Tous les pouvoirs vont y concourir : législatif, exécutif, règlementaire, judiciaire.

» Cette affaire a duré douze ans.

» En 1846, le Conseil municipal adopte un projet d'abattoir qui est soumis au ministre de l'intérieur; refus ministériel d'approuver ce projet, à raison de ce qu'il avait pour base un emprunt à des conditions *trop onéreuses*. Cela se passait en 1848.

» En 1850 le Conseil municipal maintient son projet primitif, et le soumet de nouveau à l'autorité supérieure. Celle-ci, quatre ans après, déclare qu'elle approuvera le projet moyennant une réduction qu'elle indique du tarif d'abattage. La commune paraît se rendre à ces critiques, et pendant les années 1855 et 1856, l'affaire se poursuit à travers quelques incidents, il est vrai. Ainsi l'administration de la liste civile s'oppose à ce que l'abattoir soit établi près de la grille du parc qui entoure une de ses résidences. Elle offre un autre emplacement dans sa forêt, qui est accepté. Il s'agit dès-lors d'expropriation. On nomme un commissaire enquêteur; on nomme un expert; on ouvre une enquête à la mairie, toutes choses préalables à la déclaration d'utilité publique.

» Mais tandis que la commune se livrait à ces exercices, elle faisait, je suppose, force démarches et instances dans les bureaux pour en obtenir un tarif supérieur à celui qu'ils avaient indiqué d'abord. Le fait est que nous trouvons à la date de février 1857 une dépêche ministérielle qui, tout en modifiant la réduction de tarif imposée, n'accorde pas tout le tarif demandé en premier lieu par la commune.

« La commune acquiesce et l'affaire est portée dans ces termes au Conseil d'État qu'il fallait consulter à plus d'un titre, puisqu'il s'agissait et d'un établissement insalubre et d'une loi pour autoriser l'emprunt qui devait en fournir les fonds. Le Conseil d'État émet un avis défavorable ; plus sévère que les bureaux, il trouve trop élevé, eu égard aux antécédents et aux analogies, le tarif qu'ils avaient admis : et de plus, il paraît soupçonner, vu le petit nombre des bestiaux abattus annuellement, que la construction est trop considérable ; il décide qu'il y a lieu de chercher une combinaison où les tarifs réduits suffiraient à défrayer les dépenses de construction, également réduites.

» Le ministre, chose assez insolite, ne tient pas compte de cet avis, seulement, il fait une loi à la commune de réviser son tarif au bout de six ans. Tels sont les termes de l'autorisation accordée enfin en mars 1858. Nous voyons, dès le commencement d'avril, la commune ouvrir une enquête au sujet de l'expropriation du terrain qu'elle devait occuper. Il faut remarquer que cette enquête ressemble fort à celle dont il a été question plus haut pour obtenir la déclaration d'utilité publique, relative à l'expropriation de ce même terrain. Ce n'est pas tout : le Conseil municipal, convoqué extraordinairement avec l'autorisation du sous-préfet, émet le 3 mai un avis très favorable à cette expropriation. Encore une redite, car le Conseil s'était déjà prononcé à cet égard dans sa délibération du 22 décembre 1856.

» Cet avis est soumis au préfet qui prend, en conséquence, un arrêté de désignation de terrain, et cet arrêté lui-même est soumis à l'approbation du ministre. Ces façons durent un mois ; puis, à la date du 4 juin, la commune prend une délibération pour fixer l'indemnité du terrain qu'elle acquiert. Cette délibération est encore soumise à l'approbation du préfet. Cela fait, l'administration de la liste civile accepte le chiffre de l'indemnité, et le jugement d'expropriation est rendu.

» Il faut croire que la commune s'était plainte des lenteurs suscitées par l'administration de la liste civile ; à quoi celle-ci répond, dans sa lettre du 10 juin 1858, que les lenteurs sont du fait de la commune. Dès le 1er juillet 1856, dit un de ses fonctionnaires, j'engageai la liste civile à faire rendre le jugement d'expropriation qui n'a été prononcé que le 4 juin 1858.

» Nous ne sommes pas au bout. Il reste à prendre possession, et ici paraissent des complications qui tiennent à la situation du terrain exproprié, dans une forêt d'abord, et ensuite dans une forêt qui dépend de la liste civile. N'y a-t-il pas lieu de demander une autorisation spéciale aux termes du code forestier, puisqu'il s'agit d'une construction dans une forêt ? Non, répond la commune, puisque le décret qui autorise l'établissement en question l'autorise avec désignation expresse d'un terrain forestier. Mais au moins faudra-t-il, réplique la

forêt, me réserver : 1º le droit de visite et de per-
quisition à toute heure, pour rechercher les délits
forestiers dans votre établissement ; 2º le droit de
procéder à cette visite sans l'assistance de l'officier
civil, voulue par la loi. J'ajoute (ce n'est plus la
forêt qui parle, c'est la liste civile), qu'il serait fâcheux que l'abattoir aboutît à la voie publique par
le plus court chemin. J'y vois des inconvénients au
point de vue pittoresque et même pour la commo-
dité du public, des promeneurs. Je ferai sur mon
terrain, à mes frais, un chemin oblique que vous
aurez seulement à entretenir.

» Le 28 juillet, le maire accepte ces conditions et
se plaint des retards de l'administration qui ont
amené un procès entre la commune et l'adjudica-
taire (des travaux de l'abattoir). Nous voyons enfin
un acte sous seing-privé, entre la commune et
l'administration de la liste civile, qui constate ces
derniers arrangements et qui termine tout à la date
du 6 août 1858.

» L'abattoir, qui avait pris douze ans pour se faire
autoriser, était construit un an après. (*) »

Voici un autre fait raconté par M. Say dans son
Cours d'économie politique :

« Une commune appelée Motteville voulait faire
restaurer son église qui menaçait ruine. Obligée
d'attendre pour y procéder la décision du ministre

(*) M. Dupont-White. *La Centralisation.*

de l'intérieur, l'église tomba avant que la demande, enfouie dans les bureaux, n'eût obtenu réponse. Nouvelle demande pour signaler le fait et obtenir la réédification complète, nouveaux délais pendant lesquels la commune se procure le surplus des bois nécessaires pour cette opération. Enfin l'autorisation arrive, après une si longue attente, que, lorsqu'on voulut mettre la main à l'œuvre, on trouva les bois entièrement pourris et hors de service. »

Si l'on voulait réunir tous les faits de ce genre, prouvant combien la centralisation administrative entrave le progrès, il faudrait des volumes. Mais à quoi bon multiplier les exemples lorsque chacun de nos lecteurs pourrait sans doute grossir la nomenclature de ces tristes narrations.

A dater de Richelieu, la centralisation administrative avait été fondue avec la direction gouvernementale ; la République et l'Empire se gardèrent bien de séparer ces deux forces, qui devinrent entre leurs mains des machines de guerre d'autant plus puissantes qu'ils leur prodiguèrent tous les perfectionnements imaginables. Réunies aujourd'hui encore dans les mains du Pouvoir exécutif, les centralisations gouvernementale et administrative doivent être étudiées et jugées, suivant nous, d'une façon bien différente. Autant la première est nécessaire à la force et à la grandeur d'une nation, autant l'autre doit concourir à faire descendre le niveau moral du peuple qui la subit.

« La centralisation est un mot que l'on répète sans cesse de nos jours et dont personne, en général, ne cherche à préciser le sens.

» Il existe cependant deux espèces de centralisation très dictinctes et qu'il importe de bien connaître.

» Certains intérêts sont communs à toutes les parties de la nation, tels que la formation des lois générales et les rapports du peuple avec les étrangers.

» D'autres intérêts sont spéciaux à certaines parties de la nation, tels, par exemple, que les entreprises communales.

» Concentrer dans un même lieu ou dans une même main le pouvoir de diriger les premiers, c'est fonder la centralisation gouvernementale.

» Concentrer de la même manière le pouvoir de diriger les seconds, c'est fonder la centralisation administrative.

» Il est des points sur lesquels ces deux espèces de centralisation viennent à se confondre. Mais en prenant dans leur ensemble les objets qui tombent plus particulièrement dans le domaine de chacune d'elles, on parvient aisément à les distinguer.

» On comprend que la centralisation gouvernementale acquiert une force immense quand elle se joint à la centralisation administrative. De cette manière elle habitue les hommes à faire abstraction complète et continuelle de leur volonté ; à obéir non pas une fois et sur un point, mais en tout et tous les jours. Non-seulement alors elle les dompte par la force, mais encore elle les prend par leurs habitudes ; elle les isole et les prend ensuite un à un dans la masse commune (*). »

En Angleterre comme aux États-Unis, la centralisation gouvernementale est portée à un très haut degré. Le chef du pouvoir exécutif en use dans une large mesure ; il met en mouvement des masses immenses et tranche les questions les plus graves. Hé bien ! dans ces deux pays la centralisation administrative n'existe pas. Il en résulte de grands avantages, non-seulement pour le développement de la liberté, mais aussi pour la conservation du prestige dont doit jouir le chef de l'État. Car, n'intervenant en aucune façon dans les innombrables détails administratifs, sa personnalité reste au-dessus des atteintes d'une foule de mécontents qu'on ne saurait satisfaire, et sa tâche est considérablement simplifiée.

Les désirs et les projets de décentralisation administrative sont tellement à l'ordre du jour qu'il ne nous semble pas utile d'insister sur la nécessité de mettre en lumière cette grave question. A vouloir, il n'y a pas encore dix ans, essayer de plaider en France la cause de la décentralisation, on pouvait croire qu'on perdait sa peine : aujourd'hui on peut dire qu'on risquerait de perdre son temps, cette cause étant gagnée ou tout près de l'être. C'est

(1) De la démocratie en Amérique, par M. de Tocqueville.

pourquoi, sans étudier davantage le fort et le faible du système contraire pratiqué jusqu'ici, nous chercherons le meilleur *modus faciendi* applicable aux théories décentralisatrices que nous préconisons.

Pour obtenir une solution satisfaisante et pratique, il faut d'abord comparer nos divisions territoriales actuelles à celles adoptées jadis chez nous, et maintenant encore chez nos voisins ; il faut ensuite indiquer les inconvénients de la méthode actuelle et faire ressortir les avantages de celle que nous proposons de lui substituer.

II.

Avant la Révolution de 89, la commune était la base de l'administration, la province en était le sommet. Des conditions climatériques analogues, des mœurs à peu près identiques, des usages semblables, des intérêts de même nature rapprochaient les habitants d'un certain nombre de communes qui constituaient une province. Elle n'était le résultat d'aucun travail, d'aucune étude, d'aucune convention, elle se formait seule en quelque sorte par la force des choses.

« La division des provinces, dit M. Laferrière, était fondée sur la nature et la configuration des territoires et même quelquefois sur la permanence des races qui avaient fait le fond de la population seule. La géographie politique et la géographie physique étaient d'accord dans la création de ces grandes individualités qui s'étaient fixées et immobilisées sur le sol pendant les premiers siècles de la féodalité. » (*)

(*) Etudes sur les États provinciaux.

Le département, au contraire, ne présente aucune des conditions naturelles dont dérivait la province. Réunissant quelquefois des fragments de provinces, il crée des difficultés sans nombre à ceux qui l'administrent, par suite des différences de races, de sol, d'usages, d'habitudes. Si nous prenons pour exemple un des plus petits départements du centre de la France, celui de Loir-et-Cher, nous le trouverons composé d'éléments bien hétérogènes. Le Perche, le Bas-Vendômois et la Beauce figurent dans un de ses arrondissements, tandis que la Sologne en embrasse tout un autre. Distribuer d'une façon équitable les ressources départementales entre des fragments de territoire si différents et si peu analogues n'est assurément pas chose facile, et trop souvent on risque d'amoindrir la richesse de l'un en voulant diminuer la pauvreté de l'autre.

Si au lieu de fractionner le Perche si justement célèbre par sa race incomparable de chevaux de trait, on lui eût conservé son unité et sa force, peut-être eût-il résisté aux déplorables tendances, aux fâcheux entraînements d'une administration aveugle, esclave de préjugés et d'idées préconçues qui, sous prétexte d'améliorer nos meilleures familles chevalines, les a fait disparaître de notre territoire et sacrifiées à l'étranger. Quand l'homme ne tient aucun compte de ce qu'a fait la Providence, il obtient rarement des résultats satisfaisants, et son œuvre de destruction est d'autant plus regrettable qu'elle ne peut plus être réparée.

Il n'en est point ainsi heureusement de la province. Malgré les efforts constants et sans nombre mis en jeu depuis plus d'un siècle pour en effacer le souvenir, elle n'a pas cessé de manifester sa raison d'être et de conserver son influénce dans nos mœurs et dans nos tendances. Le Gouvernement lui-même, reconnaissant de fait la faiblesse de la division départementale, est revenu tacitement et maladroitement au système provincial, lorsqu'il a divisé la France en académies, en provinces judiciaires, en divisions militaires, en régions agricoles, en conservations forestières. Il l'a fait maladroitement, parce que, dans cette opération, il n'a tenu compte ni des traditions, ni des besoins, ni des analogies qui lui eussent servi de point de départ et d'auxiliaires, s'il se fût inspiré des constitutions provinciales, et qu'au lieu d'atteindre le but désiré il a trop souvent fait fausse route. Ainsi, lorsque la nécessité d'accorder à l'agriculture l'importance qu'elle mérite fut comprise, on divisa la France en douze régions et l'on organisa des concours où l'on appela simultanément les agriculteurs de six ou huit départements, sans se préoccuper de cet axiome qu'en agriculture surtout les conditions climatériques et les analogies jouent un rôle capital. De ces divisions territoriales faites sans discernement, résultèrent toutes sortes d'inconvénients, de mécontentements, de déceptions, et cette institution, loin de porter les fruits qu'on était en droit d'en attendre, fut jugée comme devant sinon disparaître, du moins subir de sérieuses modifications.

On s'étonne qu'il ne soit pas venu à la pensée des organisateurs de ces régions d'en établir un nombre analogue à celui des gouvernements de l'ancienne monarchie, et d'imiter ainsi l'administration des forêts qui compte trente-deux conservations.

La suppression de la province résulta du désir de faire de la France un État parfaitement uni et homogène au point de vue des mœurs, du langage, des institutions ; mais elle résulta surtout de la volonté de lui imposer une administration unique, destinée à favoriser les tendances despotiques de son gouvernement.

Rien ne devait seconder plus efficacement les aspirations tyranniques de la République et de l'Empire que la substitution du département à la province. Rien ne pouvait mieux faire disparaître les centres de réaction contre le pouvoir que l'amoindrissement des anciennes capitales et la suppression de leurs priviléges destinés à venir s'agglomérer dans une seule ville. Aussi la France doit-elle en grande partie ses révolutions si fréquentes et si soudaines à cette centralisation excessive qui concentre à Paris sa tête et son cœur.

On est frappé, lorsque l'on compare nos révolutions de 1830 et de 1848 à celle que l'Autriche a subie en 1849, de la différence des résultats. Chez nous, trois jours d'émeute ont suffi chaque fois pour transformer, par la volonté parisienne, le gouvernement de la France. En Autriche, au contraire, les barricades de Vienne, loin d'entraîner la chute de l'Empire ont excité le patriotisme des armées hongroise et croate à la tête desquelles le ban Jielachich est venu délivrer la capitale de ses oppresseurs. Comprenant alors qu'il ne suffisait pas de soulever une ville pour s'emparer du pouvoir, dans un pays où l'on compte plusieurs centres principaux, les révolutionnaires se ruèrent sur Prague et sur Milan ; mais incapables de tenir contre une armée régulière décidée à maintenir l'ordre et dévouée au souverain, ils n'obtinrent d'autres résultats que d'imposer le désordre et l'anarchie pendant quelques semaines à ces malheureuses villes.

Ce n'est pas à dire pour cela que nous voudrions voir la Bretagne, la Gascogne, les Flandres et toutes les principales provinces de France développer outre mesure, au détriment de l'unité du pays, leurs instincts nationaux et devenir, comme la Bohême, la Hongrie et la Vénétie, des éléments de discordes intestines, mais la fusion s'est assez opérée, l'amour de la patrie commune s'est assez développé et affermi chez nous, depuis plus d'un siècle, pour qu'il ne soit plus possible de redouter le retour d'idées tendant à nous diviser et à nous amoindrir.

« Le plus fréquent, le plus vieux et nonobstant le moins usé des arguments qu'on invoque contre la Décentralisation, c'est que celle-ci mettrait, dit-on, l'unité de la patrie en danger. Ceux qui, par aveuglement ou par parti pris, par peur, caprice ou intérêt, ne veulent point qu'on décentralise, ont de tout temps accusé les décentralisateurs de viser à morceler la France. C'est faux, et même ce serait odieux, si ce n'était tout simplement puéril. Nous autres décentralisateurs qui, sans perdre jamais de vue l'intérêt de la commune patrie, n'avons point cessé d'attacher du prix aux libertés générales ou particulières, nous pouvons certainement trouver que, pour mieux atteindre leur but, les fondateurs de l'unité nationale l'ont singulièrement dépassé (*). »

Au point de vue gouvernemental la France veut rester nation ; au point de vue administratif elle doit redevenir province. En vain l'on chercherait à effacer de la mémoire des peuples les pages les plus belles de leur histoire, en vain l'on voudrait faire oublier aux Normands la conquête de l'Angleterre, aux Bretons le combat des Trente, aux Orléanais Jeanne d'Arc, aux Bourguigons Charles le Téméraire, à tous les habitants de la France en un mot les faits d'armes et les héros qui ont illustré leurs provinces. On aura beau faire, jamais on

______

(*) Un projet de Décentralisation.

ne dira d'un homme célèbre : Il appartient à tel département, mais bien : Il est Franc-Comtois, Gascon, Champenois, Lorrain.

Naguère encore, pendant le siége de Paris, on racontait que les bataillons de la garde mobile *bretonne* avaient défilé à une revue, bombarde et bignou en tête. Quelques jours après, ces jeunes cohortes, se souvenant des traditions de leurs pères, marchaient au feu comme de vieilles légions et étaient accueillis à leur retour du combat par les cris de : Vive les Bretons !

Veut-on, comme Napoléon III, abaisser le niveau moral de la France, en favorisant le servilisme et en persécutant l'indépendance et la loyauté ? que l'on continue à étreindre le pays dans un réseau centralisateur. Veut-on au contraire rendre à notre patrie son caractère, son cachet, sa splendeur d'autrefois ? qu'on lui fournisse le moyen de se régénérer en laissant chacun de ses membres se refaire et se retremper au bienfaisant contact des bonnes traditions, des saines théories et des glorieux souvenirs dont est semée l'histoire de nos vieilles provinces.

« Il y a, dit M. de Tocqueville, telles nations de l'Europe où l'habitant se considère comme une espèce de colon indifférent à la destinée du lieu qu'il habite. Les plus grands changements surviennent dans son pays sans son concours; il ne sait même pas précisément ce qui s'est passé; il s'en doute : il a entendu raconter l'évènement par hasard. Bien plus, la fortune de son village, la police de sa rue, le sort de son église et de son presbytère ne le touchent point ; il pense que toutes ces choses ne le regardent en aucune façon et qu'elles appartiennent à un étranger puissant qu'on appelle le gouvernement. Pour lui, il jouit de ses biens comme un usufruitier, sans esprit de propriété et sans idées d'amélioration quelconque. Ce désintéressement de soi-même va si loin que, si sa propre sûreté ou celle de ses enfants est enfin compromise, au lieu de s'occuper d'éloigner le danger, il croise les bras pour attendre que la nation tout entière vienne à son aide. Cet homme, du reste, bien qu'il ait fait un sacrifice si complet de son libre arbitre, n'aime pas plus qu'un autre l'obéissance. Il se soumet, il est vrai, au bon plaisir d'un commis ; mais il se plaît à braver la loi comme un ennemi vaincu, dès que la force se retire. Aussi le voit-on sans cesse osciller entre la servitude et la licence.

« Quand les nations sont arrivées à ce point, il faut qu'elles modifient leurs lois et leurs mœurs, ou qu'elles périssent, car la source des vertus publiques y est comme tarie ; on y trouve encore des sujets, mais on n'y voit plus de citoyens (*). »

Si la France, au lieu d'être gouvernée uniquement

(*) Démocratie en Amérique.

par un pouvoir central, représenté dans chaque département par un homme de paille appelé préfet, marchant sinon à la baguette, du moins à la *dépêche télégraphique*, et ne devant avoir d'autre initiative que celle soufflée par le maître ou par son ministre, si la France eût conservé son organisation provinciale, peut-être l'étranger envahissant son territoire eût-il trouvé pour le recevoir autre chose que des gens désarmés et des murailles renversées. Peut-être aussi Lyon, Marseille, Toulouse, eussent-elles moins aisément proclamé l'anarchie et imposé le despotisme révolutionnaire à la partie saine de leurs concitoyens. Encore une fois, ce qui nous manque aujourd'hui, ce sont des hommes d'État, des hommes qui, habitués à une certaine indépendance administrative, se soient fait un caractère au contact de la liberté et de la responsabilité.

Comment espérer de voir des préfets, qu'un échec électoral peut faire transporter d'un bout à l'autre du royaume, étudier sérieusement et utilement les questions locales, les us et coutumes, les traditions du département qu'ils administrent? Aussi combien peu d'entre eux connaissent les contrées qui leur sont confiées. Ils font en toute hâte, chaque année, leur tournée de révision, et ne voient d'ordinaire que les chefs-lieux de canton où se passe la cérémonie, et les habitations des conseillers généraux qui leur offrent le *déjeûner traditionnel.* Il en résulte forcément ceci : c'est que, du moment où une question spéciale à une localité se présente, il faut s'en rapporter aux appréciations des bureaucrates de la préfecture, ou demander avis au Conseil d'État, qui trop souvent lui-même n'en sait rien, n'y entend rien. Un seul exemple suffira pour prouver la vérité de cette allégation.

La Bretagne et la Saintonge possèdent de vastes salines dont le produit enrichissait jadis les propriétaires, les paludiers et le fisc. Depuis plusieurs années, propriétaires, paludiers, fisc, loin d'en tirer un parti avantageux, ont à supporter pour elles des frais considérables et voient toujours s'amoindrir la valeur de ces propriétés. Aussi les uns voudraient les abandonner à la mer, les autres les travaillent à contre-cœur, et l'État considère les énormes dépenses qu'entraîne l'entretien du personnel de la douane et de ses casernes comme une lourde charge.

De tous les préfets qui se sont succédé depuis trente ans dans le Morbihan, la Loire-Inférieure et la Charente-Inférieure, pas un seul peut-être n'a étudié à fond la question des sels, pour cette raison toute naturelle qu'il n'existe pas une saline dans les départements qu'ils avaient précédemment administrés, pas plus que dans ceux destinés à être plus tard dirigés par eux. Il en est résulté que cette question, renvoyée de préfets en préfets au Conseil d'État, a dû être soumise à une commission qui, faute de renseignements administratifs suffisants, a ouvert une enquête et entendu les dires de gens dont elle se méfiait d'autant plus qu'elle était moins éclairée pour apprécier leurs opinions.

Il n'en eût point été de même assurément, si la Bretagne et la Saintonge, restées provinces, eussent eu des gouverneurs choisis parmi leurs habitants, connaissant les besoins, les spécialités et les richesses de leur territoire. Destinés à rester à la tête de leur gouvernement ou à rentrer dans la vie privée pour reprendre peut-être plus tard la position qu'ils auraient dû céder à d'autres, ces hommes, par leur connaissance du pays et leur expérience de son administration, eussent connu et élucidé cette question aussi bien que toutes celles touchant à l'avenir et à la prospérité de leurs provinces.

De l'application du système provincial résulte tout d'abord l'amoindrissement de Paris. Aussi en préconisant ce sytème, excite-t-on le mécontentement de bien des gens; mais si l'on cherche à se rendre compte du point de départ de ce sentiment, on arrive presque toujours à reconnaître qu'il dérive d'intérêts personnels, n'ayant rien de commun avec le patriotisme ni avec les besoins du pays.

On a souvent prétendu que Paris était le centre des lumières, des arts et des belles-lettres. S'il en a été jadis ainsi, il n'est plus possible de tenir aujourd'hui ce langage. Paris attire et absorbe les éléments les plus intelligents et les plus vivaces du pays, mais loin de les féconder et de les développer, il les étiole et les détériore.

Démoraliser, c'est abaisser; abaisser, c'est amoindrir. Or, il n'existe pas au monde de lieu plus dé-
moralisateur que la ville où le César moderne, appelé Napoléon III, a, pendant vingt ans, accumulé
ses scandales sur les scandales de son entourage.
Encourager le larcin et les spéculations véreuses,
donner des fêtes où l'on voyait des toilettes dont le
décolleté rappelait les costumes des déesses de l'an-
tiquité; mettre à la mode les mœurs du demi-monde,
soudoyer des journalistes pour tromper le public,
en un mot flatter et exploiter toutes les mauvaises
passions, tel était le programme de l'école des Tui-
leries, fondée par Bonaparte.

Où trouverait-on maintenant des hommes de génie?
Serait-ce dans l'armée? Mais ce despote ne s'appli-
quait-il pas à éloigner des positions importantes tous
les officiers supérieurs dont l'indépendance lui était
suspecte, pour y placer ses créatures? Or le génie,
pour se développer, réclame avant tout le grand air
et la liberté. Il ne saurait supporter l'atmosphère
d'antichambre ni le servage césarien. Serait-ce dans
les sciences? Mais cet homme jalousait autant les
savants dont il avait la prétention d'être l'émule, que
les généraux auxquels il croyait pouvoir tout apprendre. Serait-ce dans les lettres? Mais l'amour
de l'argent qui primait tous les autres sous l'Empire
n'a-t-il pas poussé la plupart de nos littérateurs à
produire vîte et beaucoup pour recevoir le plus possible? Serait-ce dans les arts? Mais l'étude a été

tellement sacrifiée au plaisir par nos artistes, qu'il n'y a plus d'école ni en peinture, ni en architecture, ni en musique, ni en sculpture. L'Opéra, cet édifice lourd et mesquin, n'est-il pas là pour le prouver? L'architecte qui, au concours, l'a emporté sur tous les autres, a obtenu avec 40 millions un bien pauvre résultat. Pas un peintre de premier ordre n'a surgi pour décorer l'intérieur de ce théâtre, et les sculpteurs chargés de le parer à l'extérieur ont trouvé moyen de manifester plutôt leur obscénité que leur talent. Enfin l'on se demande où l'on rencontrera un musicien de force à faire un opéra comparable à ceux de notre ancien répertoire.

Cependant tout concourt à attirer les hommes de valeur dans ce centre où sont accumulés des écoles, des documents et des encouragements de toute sorte, et où l'on est presque obligé d'aller étudier lorsqu'on veut embrasser une carrière ou terminer une éducation.

. « Dans la science toute découverte, dans les arts professionnels toute invention s'importe, s'exploite à Paris, par la raison toute simple qu'il ne se trouve pas ailleurs un assez vaste théâtre.....

. » Supposez, au contraire, six ou sept départements réunis en une seule région, centre politique, intellectuel et industriel, résumant des intérêts multipliés l'un par l'autre, des forces grandissant par leur juxtaposition, des lumières rayonnant dans un foyer commun, tout devient grand, tout se proportionne au développement du nouveau théâtre ouvert à l'esprit et à la matière. L'intelligence se sent à l'aise, la science se féconde, l'industrie multiplie ses créations, les arts déploient leurs ailes, et toutes les carrières, soit publiques, soit privées, offrent aux hommes de mérite des positions qui les retiennent sur un sol désormais fertile : l'émigration cesse dès que le talent prévoit sa récompense (*). »

Washington, cet admirable organisateur du gouvernement des États-Unis, avait bien compris que, pour obtenir de ceux auxquels le pays confie sa direction et ses destinées, la plus grande somme possible de travail, d'étude et de dévouement, il ne fallait pas les placer dans une ville de luxe et de plaisirs. Aussi installa-t-il le siége du gouvernement non pas à New-York, mais à Washington, ville essentiellement calme et sérieuse. Si MM. les ministres, les sénateurs et les députés du dernier empire eussent dû résider à Bourges ou même à Tours, au lieu d'habiter Paris, leurs positions eussent été moins recherchées par les hommes futiles et par les viveurs. Les affaires du pays n'en eussent pas été plus mal faites pour cela.

Nous voudrions voir désormais au pouvoir des hommes sérieux, ayant avant tout souci de la *chose publique*, disposés à sacrifier leurs plaisirs et leurs satisfactions personnelles aux grands intérêts du

____

(*) *La Province*, par Elias Régnault.

pays, acceptant un portefeuille ou une chaise curule moins pour bien vivre et faire fortune que pour contribuer au développement de la grandeur et de la richesse de la France.

Nous sommes certes ami fervent du progrès, mais nous ne le sommes pas moins de la sincérité. Lorsque l'expérience prouve, depuis près d'un siècle, que l'on fait fausse route, il faut avoir le courage de le reconnaître et de l'avouer hautement. La Révolution française, qui avait la prétention de faire le tour de l'Europe en donnant des leçons de libéralisme et de civilisation à tous les peuples du continent, foulant aux pieds passé, souvenirs, traditions, pouvait croire à l'inutilité de la Province, tout en y voyant un danger pour la mise en pratique de ses théories. Rien ne lui a fait défaut pour installer et développer le système dont nous subissons depuis trop longtemps les funestes conséquences : rien ne lui a manqué pour faire voir ce qu'il vaut. La République, l'Empire, la Monarchie l'ont tour-à-tour adopté, préconisé, vanté aux autres nations, sans qu'elles y aient mordu. Sachant séparer le bon grain de l'ivraie, elles ont profité de nos leçons au point de vue militaire, mais se sont bien gardées de nous imiter au point de vue administratif. Aussi la Prusse a-t-elle été de force non-seulement à repousser la Révolution, mais à venir l'attaquer jusque dans son berceau. Napoléon III, en commençant sa funeste campagne de 1870, se figurait être de taille à révo-

lutionner l'Allemagne , et l'Allemagne est venue ,
hélas ! nous prouver que, tout en restant fidèle à
ses anciennes traditions, elle a marché dans la voie
du progrès, et pourrait, au besoin, nous fournir
d'excellents exemples et de précieux enseignements !

III.

L'organisation militaire a une telle importance dans la constitution d'une Société et dans l'avenir d'un peuple, qu'il nous semble indispensable d'en dire un mot.

Jusqu'ici la valeur et le savoir-faire de notre armée avaient fait supposer que son organisation ne laissait rien à désirer. La douloureuse leçon qui vient de nous être infligée est de nature à nous faire réfléchir, et à nous faire rechercher une méthode plus en harmonie avec les besoins du moment et les progrès du siècle.

Le système prussien, dont on parle souvent sans le connaître, offre de sérieux avantages ; mais s'il est très complet, il est aussi fort compliqué. On pourrait, tout en lui empruntant certaines dispositions, ne pas l'appliquer dans tous ses détails. Il repose sur une division territoriale analogue à celle dont nous proposons l'adoption pour la France, c'est-à-dire sur la province et le cercle ou arrondissement. Chaque province a son corps d'armée, chaque cercle ses brigades qui se recrutent sous la direction du gouverneur provincial et du chef de corps.

Tout prussien valide est soldat, mais il ne fait partie de l'armée active que pendant un, trois ou sept ans, tandis qu'il appartient à la réserve ou à la landwher de 27 à 42 ans. C'est pourquoi l'effectif de l'armée sur le pied de paix est peu considérable, tandis que celui sur le pied de guerre est énorme : car, autant on a tenu à constituer une armée nationale très nombreuse, autant on s'est attaché à respecter les services civils et les intérêts privés. Sans entrer dans des détails qui nous entraîneraient trop loin, nous nous contenterons d'indiquer les catégories de citoyens exemptées conditionnellement sinon des revues, du moins du service actif en temps de paix.

Les jeunes gens se destinant à l'état ecclésiastique doivent à 26 ans, les catholiques être sous-diacres, les protestants présenter un certificat d'études et d'examen, sinon ils rentrent dans l'armée. Les élèves instituteurs passent six semaines dans un régiment d'infanterie, puis font partie de la réserve pendant 7 ans.

Les engagés volontaires d'un an qui présentent un certificat d'études, sont soumis à tous les exercices, mais peuvent habiter chez eux et entrent dans la réserve aussitôt l'année terminée, ou deviennent, s'ils le désirent, sous-officiers dans l'armée active, après examen.

Les mécaniciens indispensables à une usine ou à une fabrique peuvent aussi ne servir qu'un an.

Les soutiens de famille, les élèves des écoles de médecine, vétérinaires, des arts et métiers ou autres, ne pouvant sans inconvénient interrompre leurs études, les ouvriers compagnons devant voyager pour apprendre leur métier, les apprentis bateliers ou marins, les directeurs d'établissements industriels ou agricoles, leur fils aîné, s'il leur est indispensable, enfin les frères puînés des soldats morts sous les drapeaux sont ajournés d'une année à l'autre et éventuellement libérés du service militaire pour le temps de paix.

Si l'on admet en principe que tout citoyen valide doit concourir à la défense de sa Patrie, il nous semble naturel de chercher par tous les moyens imaginables à simplifier l'étude du métier des armes pour les jeunes gens consacrant leur activité et leur intelligence au développement de la prospérité du pays. Aussi voudrions-nous voir appliquer en France, avec le système de recrutement prussien, celui des exemptions momentanées et de l'effectif restreint en temps de paix.

Ce qui frappe surtout dans l'organisation prussienne, c'est la facilité avec laquelle on passe du pied de paix au pied de guerre. Ce résultat est dû à la constitution provinciale ; car, divisée entre les 13 chefs de corps des 13 provinces du royaume, la besogne se trouve bien simplifiée. De plus, les divisions et les brigades de chaque corps d'armée étant établies, en temps de paix, dans les contrées où elles se recrutent, les réserves d'officiers, de soldats, de matériel étant sur les lieux, chaque chef transforme très aisément le corps d'armée qu'il commande. Il est donc indispensable avant tout, pour mettre en pratique la méthode prussienne, même dans une certaine mesure, de reconstituer la province qui en est une condition *sine qua non.*

Nous allons plus loin et nous voudrions voir appliquer, au développement de l'armée et au rétablissement de la discipline, le système des camps permanents. Le contact des villes est d'autant plus funeste aux jeunes gens qu'ils sont plus oisifs. Or, quoiqu'on fasse, la vie militaire en temps de paix laissera toujours de nombreux loisirs aux officiers comme aux soldats. Au camp, l'étude et les passe-temps utiles trouveraient plus aisément place dans leur existence qu'au milieu des cités, et l'on pourrait, grâce à ces créations, multiplier sans grands frais les chemins de fer, les routes et les chemins vicinaux.

Nous voudrions qu'on installât dans chaque province un camp situé dans un endroit salubre, assez vaste pour renfermer des établissements où les jeunes gens pourraient continuer leurs études, quelle que fût la carrière à laquelle ils se destineraient. Écoles primaires et secondaires, instituts militaire, scientifique, agricole, cours de droit, de médecine et de pharmacie seraient réunis dans le même lieu.

Pendant la belle saison, les manœuvres et les exercices se feraient non-seulement au camp, mais dans diverses localités où l'on habituerait les jeunes gens à la vie du soldat en campagne. Pendant le reste de l'année, on s'appliquerait à exercer et à utiliser toutes les intelligences et tous les bras qui constituent un corps d'armée, en leur faisant exécuter des travaux de toutes sortes : assainissements, défrichements, confection des chemins, en un mot, transformations d'utilité publique ; tels sont les avantages qui résulteraient de l'activité déployée par ces grandes réunions d'hommes qui, au lieu de s'amoindrir par l'oisiveté, développeraient leurs forces et leurs facultés en contribuant au progrès et à la richesse du pays.

Il n'entre pas dans le cadre de ce travail d'étudier davantage l'organisation militaire, nous nous réservons d'y revenir dans une édition plus complète de ce petit volume.

IV.

La plupart des écrivains qui se sont occupés de la décentralisation ont fait le procès de l'arrondissement. Supprimer son administration, la remplacer par celle du canton, telle est l'idée qui plane sur presque tous les projets d'organisation nouvelle proposés par les hommes consciencieux qui ont étudié cette grave question.

Un auteur a dit : « Pour décentraliser dans la pratique, il faut se mettre en mesure de remplir les quatre conditions que voici :

» 1º Fortifier la commune qui chez nous existe à peine ;

» 2º Créer le canton qui n'existe pas ;

» 3º Supprimer l'arrondissement qui ne répond à rien ;

» 4º Émanciper le département.

» Tout cela se tient, et pour atteindre le but, rien de tout cela n'est indifférent.

» L'arrondissement écarté *(non pas précisément en tant que division administrative facile à maintenir s'y l'on tient, mais en tant que personne morale]* on ne parviendra à faire agir la commune, le canton, le département, qu'en leur donnant la vie ; et on ne leur donnera la vie qu'en leur donnant des droits, particulièrement le droit de nommer (à tout le moins celui de désigner) leurs agents, et par eux de faire exécuter leurs décisions. »

Ces idées, ce programme, nous semblent excellents si l'on remplace le département par la province, et si la division territoriale correspond à peu près à celle de la France avant 89.

Dans ce cas, le Conseil cantonal aurait besoin au point de vue administratif d'un intermédiaire entre lui et le pouvoir provincial. C'est pourquoi nous partageons cette opinion qu'il faut supprimer l'arrondissement en tant que personne morale et le conserver en tant que division administrative.

Partisan de la simplicité dans le fonctionnement de la machine administrative, nous voudrions certes qu'on diminuât le nombre de ses rouages autant que possible sans nuire à son action. Aussi verrions-nous volontiers la division provinciale s'inspirer directement des avis et des décisions du Conseil cantonal. Mais il nous semble que l'éducation administrative de nos populations rurales n'est point encore assez avancée pour que l'on puisse *a priori* admettre cette méthode.

Certains publicistes, partisans de la province, suppriment l'arrondissement et conservent le département. Pour plusieurs motifs nous ne partageons point leur opinion. Autant il est désirable d'amoindrir Paris au profit des principales villes de France destinées à devenir des chefs-lieux de province, autant il serait fâcheux de réduire les chefs-lieux d'arrondissement pour grossir les résidences préfectorales. Faire refluer les habitants des campagnes vers les grands centres de population, dépeupler les bourgades pour peupler les villes, telle a été la déplorable tendance de ces derniers temps, tel est un des signes caractéristiques de ce siècle. Pour réagir contre ce mouvement immense de l'émigration des populations rurales vers les villes, il faut les faire refluer du centre vers les extrémités, il faut que Paris partage ses priviléges avec vingt et quelques autres villes ; que cinquante chefs-lieux de département soient transformés en chef-lieux d'arrondissement. Alors, ces dernières villes perdant de leur importance n'offriront plus autant d'attrait aux habitants des campagnes qui, ne trouvant pas chez eux le bien-être et les satisfactions auxquelles tant de mauvais journaux leur affirment qu'ils ont droit, se réfugient dans les grands centres pour conspirer contre la société. Diminuer l'importance des cités au lieu de l'accroître sera toujours le but vers lequel devront tendre les efforts des décentralisateurs.

D'un autre côté si le rôle du préfet gouvernant la province comporte un grand développement, celui du sous-préfet doit être très amoindri. D'après e système administratif actuel chaque division territoriale possède un agent à côté duquel est placé un conseil. Conserver le sous-préfet et supprimer le Conseil d'arrondissement semble donc tout d'abord illogique, mais si l'on passe de la théorie à la pratique, on est forcé de reconnaître que ce Conseil n'a aucune influence sur les faits et gestes du sous-préfet, et qu'il est tout au plus une source de renseignements, puisqu'il ne prend aucune décision et se contente de donner son opinion sur les questions qu'on lui soumet. D'après la loi du 28 pluviôse an VIII, destinée à organiser l'administration française, « le Conseil d'arrondissement fera la répartition des contributions directes entre les villes, bourgs et villages de l'arrondissement. Il donnera son avis motivé sur les demandes en décharge qui seront formées par les villes, bourgs et villages. Il entendra le compte annuel que le sous-préfet rendra de l'emploi des centimes additionnels destinés aux dépenses de l'arrondissement. Il exprimera une opinion sur l'état et les besoins de l'arrondissement et l'adressera au préfet. »

Ces lignes suffisent pour prouver jusqu'à l'évidence l'insignifiance et l'inutilité d'un semblable rouage, et l'on comprend qu'il serait facile de confier de telles attributions au Conseil cantonal dont il sera parlé plus loin, sans craindre de le surcharger de besogne.

Dans notre système le Conseil d'arrondissement

aurait moins que jamais sa raison d'être. Est-ce à dire pour cela qu'il faille supprimer l'arrondissement envisagé sous toutes ses faces ? Nous ne le pensons pas. Cette division territoriale répond au cercle prussien dont l'organisation paraît réunir beaucoup d'avantages pouvant satisfaire à la fois le pouvoir central et les contribuables.

Le Cercle (Kreis) est administré par un Conseil composé des grands propriétaires fonciers, de deux représentants de chaque ville et d'un représentant de chaque commune rurale.

Ce Conseil désigne un landrath ou sous-préfet, qu'il choisit d'ordinaire parmi les principaux propriétaires. Ce fonctionnaire est nommé par le Roi (aujourd'hui l'Empereur), dont il tient son pouvoir ainsi que du Conseil d'arrondissement.

Le landrath est chargé dans son cercle de la surveillance de toutes les branches administratives, c'est-à-dire de ce qui concerne la religion, l'assistance publique, la police, les finances, le recrutement, l'instruction publique et les affaires communales.

Nous préférons au Conseil d'arrondissement le Conseil cantonal dont nous parlerons plus loin. Cependant cette réunion de grands propriétaires administrant la contrée où ils ont des possessions nous semble être une excellente chose, et si l'on tenait à reconstituer le Conseil d'arrondissement, nous demanderions qu'il fût composé comme celui chargé de diriger les affaires du cercle prussien.

En admettant que l'éducation politique et administrative des Français se fasse, dans un temps donné, suffisamment pour que le rôle du sous-préfet devienne inutile, l'arrondissement n'aura pas moins sa raison d'être. L'assistance publique, l'agriculture, la justice, les finances réclament sa conservation, et son chef-lieu sera toujours pour les habitants des campagnes les plus intelligents un point de réunion, pour les commerçants un centre de transaction.

L'assistance publique doit être placée en première ligne parmi les préoccupations des administrateurs ayant souci du soulagement des pauvres, de l'éducation des orphelins, du soin des malades. Aussi ne saurait-on lui refuser une grande influence sur les décisions à prendre dans la question que nous traitons. Son siége naturel est l'hospice. Il s'agit donc de savoir où les établissements de ce genre doivent être placés de préférence. Certains décentralisateurs ont proposé l'installation d'hospices cantonaux. Dès l'année 1662 il avait été décidé qu'il serait procédé dans un bref délai à l'établissement d'un hôpital en chacune des villes et gros bourgs du royaume pour les pauvres et les orphelins. Cette ordonnance renouvelée depuis est restée lettre morte dans bien des gros bourgs et des petites villes. Il faudrait se faire grandement illusion pour croire qu'on arrivera à créer un hospice cantonal dans chaque chef-lieu de canton, car il en existe bon nombre en France dont les ressources sont tellement faibles qu'ils laissent tomber en ruines leur église et ne possèdent pas une justice de paix convenable. Or, pour installer des hôpitaux, il faut d'abord de l'argent, beaucoup d'argent, et dans ce moment, en présence des désastres que nous subissons depuis quelques temps, il n'est pas permis de croire à un développement des ressources financières tel qu'il puisse fournir les éléments indispensables à des fondations de ce genre. Il nous semble donc avantageux, même nécessaire d'utiliser celles dont on dispose, c'est-à-dire, de prendre les hospices existants dans les chefs-lieux d'arrondissement pour point de départ d'une nouvelle organisation de l'assistance publique. Dans ce cas, nous ne rencontrerons point l'obstacle que nous signalions tout à l'heure, le défaut d'argent; car ces établissements sont riches, ils sont même dans un état prospère, et il serait facile, avec une administration mieux entendue, de mettre toutes les communes rurales à même d'y trouver place pour les malades et les infirmes dont la tutelle leur incombe.

Le côté le plus délicat de la question, celui qui, sans contredit, présente le plus de difficultés à résoudre est l'éducation des enfants trouvés ou abandonnés. Si, depuis un demi-siècle, on ne s'était pas attaché à enlever le caractère religieux à la plupart de nos institutions, il eût été tout naturel

de le conserver à l'œuvre de Saint-Vincent de Paul ;
mais, quoique l'on ait obéi à un sentiment de déli-
catesse et de convenance en plaçant encore son
effigie en tête des imprimés et des papiers divers
de l'assistance publique, son esprit et ses idées ne
planent plus sur la direction de cette admirable
fondation.

La loi de 1811 sur les enfants assistés, qu'il faut
toujours citer en pareille matière, puisqu'elle est le
point de départ des règlements des hospices, avait
confié, comme nous l'avons dit plus haut, la tutelle
de ces enfants aux administrateurs des établissements hospitaliers et aux sœurs de charité. Le
gouvernement, attribuant la mortalité qui décimait
ces pauvres orphelins plutôt au manque de surveillance qu'à la fausseté du système mis en pratique,
imagina d'abord la création d'inspecteurs salariés
appartenant autant que possible au corps médical.
Ces agents reçurent pour mission de choisir les
nourriciers, d'inspecter à domicile, de placer et de
déplacer les pupilles des hospices. Bientôt on fut
forcé de reconnaître combien cette institution laissait
à désirer ; car non-seulement ils ne parvinrent
point à abaisser le chiffre de la mortalité, mais ils
furent bien plus encore que les sœurs de charité,
victimes de la duplicité et de la rouerie des personnes auxquelles ils confiaient leurs élèves. On
forma alors dans chaque commune une commission de tutelle composée du curé, du maire et d'un

notable désigné par le préfet. Ces commissions ne s'entendirent point avec les inspecteurs qui, loin de contribuer au développement de cette excellente institution dont le contrôle les gênait, firent tout ce qu'il fallait pour rendre leur fonctionnement à peu près impossible ou du moins illusoire.

Si, laissant de côté les fâcheuses modifications apportées à la loi de 1811, on consent à la prendre pour point de départ, nous proposons de substituer à la méthode adoptée aujourd'hui un système d'après lequel l'enfant assisté, confié à sa naissance, dans un asile rural, à des sœurs de charité, sortirait à 10 ans de cet établissement pour entrer dans un orphelinat agricole où il resterait jusqu'à 20 ans, puis resterait sous la tutelle bienveillante des commissions communales.

Voici en quelques mots l'exposé du système : La vie de l'élève des hospices peut être divisée en cinq phases principales :

Le 1er âge, commençant à la naissance et finissant à 6 ou 7 ans ;

Le 2e âge commençant à 6 ou 7 et finissant à 10 ou 12 ans ;

Le 3e âge commençant à 10 ou 12 et finissant à 15 ou 16 ans.

Le 4e de 15 à 21 ans.

Enfin l'âge viril.

Chacune de ces étapes de la vie humaine réclame, suivant nous, des soins spéciaux et une direction particulière. C'est pourquoi nous proposons d'établir pour l'éducation des garçons :

1º Un asile rural, divisé en deux sections, recueillant, dans la première, les enfants assistés à leur naissance, et les conservant jusqu'à l'âge de 7 ans pour les confier ensuite à la seconde section jusqu'à leur première communion ;

2º Des orphelinats agricoles destinés aux élèves du 3e et du 4e âge ;

3º Des comités de patronage s'occupant, d'une façon officieuse et toute bienveillante, d'attacher ces orphelins au sol, en les aidant à devenir d'honnêtes cultivateurs et de bons pères de famille.

L'asile rural peut être fondé aisément là où le conseil et les administrations hospitalières, secondés par la charité privée, s'entendent pour fournir un local suffisant à des Sœurs de Saint-Vincent-de-Paul qui, avec les allocations ordinaires, y élèvent les garçons depuis leur naissance jusqu'à l'âge de 10 à 12 ans et les filles jusqu'à 7 seulement.

L'orphelinat agricole s'ouvre pour les orphelins lorsqu'ils ont atteint au moins leur dixième année. Trois éléments bien distincts concourent à la formation de ces établissements : les grands propriétaires ou les administrations hospitalières qui fournissent les terrains ; les enfants qui les cultivent, et les religieux chargés de la direction avec le concours de contre-maîtres laïques.

Suivant nous, l'exploitation d'une centaine d'hectares de terres labourables se fait avantageusement en métayage par une famille de vingt à trente enfants dirigés par trois frères. Les colons, jusqu'à 15 ans, n'ont droit à aucune rémunération ; à dater de cet âge ils reçoivent, non-seulement un gage fixe, mais une part proportionnelle dans les bénéfices de l'exploitation.

L'orphelinat destiné aux filles les reçoit dès leur 7e année. La direction de quinze à vingt enfants y est confiée à trois Sœurs : l'une supérieure, l'autre maîtresse d'école et la troisième converse spéciale pour les travaux des champs. La classe communale peut faire partie de l'établissement auquel les fondateurs abandonnent l'exploitation et la jouissance de 4 à 5 hectares.

Les colonies agricoles n'ont pas, jusqu'à présent, donné les résultats qu'on en attendait, parce qu'on a voulu trop faire à la fois, et qu'au lieu de prendre l'agriculture comme point de départ de ces fondations, on s'en est servi d'une façon nullement pratique pour élever et moraliser des enfants.

Economie, association, équilibre dans la consommation et les produits, telles sont les bases sur lesquelles doivent être assis tous les orphelinats agricoles, si l'on veut qu'ils se suffisent à eux-mêmes et ne soient pas toujours à la charge et à la merci de personnes charitables dont le bon vouloir peut s'épuiser ou au moins s'amoindrir. Nous avons la ferme confiance que, par l'application bien entendue du système si simple que nous indiquons après l'avoir mis en pratique, on peut annihiler toutes les objections faites jusqu'à présent, et trop souvent à juste titre contre les colonies agricoles. (*)

Il est certain qu'une transformation de ce genre ne saurait se faire immédiatement, mais pour arriver à un résultat sérieux il convient d'adopter un plan général, sauf à l'exécuter peu à peu avec prudence et discernement. C'est pourquoi nous prendrions l'hospice d'arrondissement comme base et nous lui adjoindrions le plus tôt possible l'asile rural. Quant aux orphelinats agricoles, il serait désirable d'en avoir au moins deux par canton, l'un pour les garçons, l'autre pour les filles.

L'objection la plus sérieuse à la réalisation de ce projet sur une vaste échelle résulte de la difficulté que l'on rencontre à trouver le personnel dirigeant nécessaire à l'organisation des orphelinats agricoles. Elle a pourtant peu de valeur lorsqu'il s'agit d'établissement de filles, car il existe dans la plupart des communes de quelque importance des écoles dirigées par des Sœurs qu'il serait facile de transformer en maisons du genre de celles dont il est parlé plus haut. Il n'en est pas de même des orphelinats de garçons. Aussi ne saurait-on trop faire pour développer les institutions destinées à former des direc-

Extrait d'une brochure de l'auteur : *La dépopulation des campagnes*, pages 4 et 27.

teurs et des contre-maîtres religieux ou laïques pour ces colonies.

Les congrégations d'hommes vouées à l'agriculture sont peu nombreuses ; cependant il en existe plusieurs qui comprennent combien elles peuvent contribuer à la régénération morale de la société en élevant à la campagne des orphelins pauvres pour leur procurer tout à la fois l'instruction primaire et l'instruction agricole, les former aux bonnes méthodes de culture et les attacher à la vie rurale. Aussi s'efforcent-elles de multiplier leurs Frères agriculteurs et d'ouvrir de nouveaux établissements avec le concours des grands propriétaires.

Nous pouvons citer entre autres la congrégation des Frères laboureurs de Saint-François-d'Assise qui ont pour but d'offrir aux enfants pauvres délaissés ou orphelins un asile, le bienfait d'une éducation religieuse, celui de l'enseignement primaire et d'une instruction théorique et pratique exclusivement agricole. Ces excellents frères s'associent complètement à la vie des élèves placés sous leur direction ; ils partagent leur nourriture, et leur donnent en tout l'exemple d'une existence laborieuse et morale qui doit plus que tout autre chose contribuer à faire de ces enfants des hommes religieux, probes, utiles à eux-mêmes et à leur pays. Leur maison-mère est dans la Saintonge où ils ne recrutent pas beaucoup de sujets ; aussi dans l'espoir de rencontrer de plus nombreuses vocations ont-ils accepté très volontiers de fonder une succursale, en Bretagne, dans une belle propriété près de Redon que Mgr de Forges a mis à leur disposition après y avoir construit et approprié les bâtiments nécessaires à l'installation de cette excellente création.

Nous pourrions citer encore les religieux de Sainte-Croix, les Frères des écoles chrétiennes, les Pères du Saint-Esprit, ceux de la Société de Marie comme travaillant au développement des orphelinats agricoles ; mais il n'est pas possible de trouver dans ces congrégations les éléments nécessaires à la fondation des nombreux établissements que nous voudrions voir installer à raison d'un par canton. C'est pourquoi il nous semble indispensable de faire jouer un rôle aux laïques, soit comme directeurs, soit surtout comme contre-maîtres, pour fournir un appoint d'une réelle importance aux congrégations religieuses.

Pour répondre aux objections que pourrait soulever cette idée, nous nous contenterons de citer les asiles agricoles de la Suisse, fonctionnant d'après le système de Verhli, qui se multiplient de plus en plus et donnent des résultats satisfaisants quoique dirigés par des laïques.

Afin de former à la fois des contre-maîtres et des instituteurs ruraux, nous proposons de créer dans chaque arrondissement un institut agricole, tenant de l'école normale départementale et de la ferme-école. Nous considérons ce genre de fondation comme devant répondre à une idée, à un besoin du moment, car elle contribuerait à transformer l'enseignement primaire en le poussant dans la voie agricole.

Jusqu'ici l'influence exercée par l'enseignement primaire sur les populations rurales produit des résultats fâcheux pour l'agriculture, en ce sens qu'elle contribue, dans une certaine mesure, à la dépopulation des campagnes. En effet, l'instituteur, avant de diriger une école, est tenu à faire un stage de plusieurs années dans une école normale urbaine. Enlevé à la vie des champs pour aller s'installer en ville, il transforme volontiers ses mœurs, ses habitudes, son costume, et lorsqu'il revient au village, c'est le plus souvent avec le désir de retourner bientôt dans une localité importante où il retrouvera l'existence qu'il menait pendant son stage.

Si parmi ses élèves il se trouve quelques sujets supérieurs aux autres, il les *pousse* et s'efforce de les préparer à remplir un emploi dans des établissements de commerce ou dans des administrations, chez des huissiers, des avoués ou des hommes d'affaires quelconques. Il leur souhaite d'en savoir assez pour pouvoir laisser dans leur chaumière la casquette, la blouse, les sabots, et aller prendre en ville le chapeau, la redingote et les souliers vernis.....

Faire des dictées, apprendre un catéchisme où les éléments de l'agriculture sont présentés sous les formes les plus simples et les plus saisissantes, c'est fort bien ; mais, au point de vue pratique, à quoi cela sert-il à l'enfant au-dessus de douze ans qui fréquente l'école ? Quelle influence cela exerce-t-il sur les parents qui cultivent la routine de leurs pères ? Aucune, assurément.

Pour obtenir des résultats d'une valeur réelle, il faudrait que les instituteurs, formés dans des écoles normales agricoles, pussent citer, non pas seulement aux enfants, mais surtout aux adultes, la façon dont ils cultivaient ; il faudrait qu'ils fussent à même de raconter aux parents comme aux élèves les expériences faites sous leurs yeux, qu'ils fussent à même d'attaquer les mauvaises méthodes, de défendre les bonnes et de dire parfois : « Moi aussi, j'ai tenu les mancherons de la charrue. » Alors l'instituteur ne serait plus un danger pour l'agriculture ; il serait, au contraire, un puissant auxiliaire de progrès agricole. Alors, sans imposer l'obligation et sans donner la gratuité, on verrait tous les habitants des campagnes envoyer à l'école leurs enfants, leurs adultes et y aller eux-mêmes demander avis, conseil et enseignement à l'instituteur, devenu un ami et un trésor pour eux.

D'un autre côté, les fermes-écoles, excellente chose en principe, donnent généralement des résultats peu satisfaisants, et l'on attribue ces insuccès à l'uniformité de tous les établissements de ce genre fondés en France. La méthode mise en pratique étant mauvaise, il en résulte que, malgré le zèle et le savoir-faire de certains directeurs, cette institution a été jugée très sévèrement et nous semble destinée à disparaître, si l'on ne consent pas à faire quelques expériences pour lui donner une autre forme.

Un fait triste à constater, c'est que le ministre de l'agriculture qui, de temps en temps, a prêché, avec raison, le progrès agricole et cherché à l'encourager de bien de façons, a persisté autant qu'aucun autre dans la routine à l'égard des fermes-écoles.

Le moment est peut-être venu de tenter une transformation qui pourrait satisfaire à la fois les amis de l'enseignement primaire et ceux de l'enseignement secondaire; car un projet destiné à réaliser cette pensée et que nous avons soumis au gouvernement il y a déjà longtemps n'a motivé aucune objection de quelque valeur. Il avait, il est vrai, l'inconvénient d'être mis en avant par un ennemi de l'Empire, mais s'il était appliqué, les écoles normales primaires et les fermes-écoles fondues et transformées en instituts agricoles formeraient des sujets aptes à façonner à la vie des champs les externes des écoles primaires et les internes des orphelinats ruraux. Chaque arrondissement posséderait un établissement de ce genre qui aurait pour point de départ l'initiative privée et la liberté de l'enseignement.

3*

On peut se rendre compte par ces lignes de la nécessité de conserver l'arrondissement pour l'assistance publique, pour l'enseignement et pour l'agriculture : nous devons néanmoins indiquer encore les comices comme réclamant son existence.

Il y a en France des sociétés d'agriculture départementales et des comices d'arrondissement ou de canton. Les premières ont l'inconvénient d'appeler au chef-lieu les cultivateurs de tout le département ; la plupart de ces hommes attachés au sol craignent les déplacements. Il en résulte qu'ils ne peuvent pas, même avec la meilleure volonté, prendre part aux réunions de la société et se tenir au courant de ses actes. Les comices cantonaux au contraire s'adressent en quelque sorte sur place aux habitants des campagnes et leur facilitent le moyen de se réunir sans perdre beaucoup de temps ; mais la plupart de ces associations végètent faute de membres et de concurrents. Les comices d'arrondissement n'éprouvent ni les inconvénients des premières de ces sociétés ni les difficultés des secondes, car ils recrutent aisément un nombre suffisant de cultivateurs et transportent leur concours dans les divers chefs-lieux de canton de leur circonscription. En un mot, ils possèdent suivant nous tous les avantages des sociétés d'agriculture et des comices cantonaux sans avoir les inconvénients.

Si l'assistance publique et l'agriculture réclament la conservation de l'arrondissement, la justice ne saurait pas non plus s'en passer. Il est évident qu'on ne peut imposer aux justiciables l'obligation de faire quinze ou vingt lieues, aller et retour, chaque fois qu'ils ont affaire au parquet. C'est pourtant ce qui aurait lieu si les tribunaux d'arrondissement étaient supprimés.

Le sous-préfet, tel qu'il existe maintenant, ne nous satisfait en aucune façon, mais nous pensons qu'il serait appelé à rendre de nombreux services s'il était l'agent actif et électif du pouvoir provincial, auprès des Conseils cantonaux de sa circonscription, en d'autres termes s'il servait d'intermédiaire entre la tête et les membres.

Nommé par le Conseil provincial tous les cinq ans, il ne conserverait sa position qu'à la condition de satisfaire par son zèle, son impartialité et son dévouement aux intérêts généraux, les représentants des divers cantons à l'administration desquels il concourerait. Choisi parmi les habitants de l'arrondissement, il en connaîtrait les spécialités et les besoins. En un mot, il aurait beaucoup plus d'analogie avec le *landrath* allemand qu'avec le sous-préfet français.

Si chaque chef-lieu de canton devait posséder un agent salarié pour correspondre avec le pouvoir provincial, les frais de bureau et les paperasses se multiplieraient d'une façon regrettable, tandis qu'en chargeant le sous-préfet de transmettre les délibérations cantonales au chef de la province, on simplifierait le rôle toujours trop développé de la bureaucratie.

Ce fonctionnaire assisterait avec voix consultative aux assemblées du Conseil provincial, et compléterait au besoin les informations fournies par les conseillers. En un mot, suppression du département, conservation de l'arrondissement, tel est, suivant nous, un des moyens à employer pour diminuer l'influence des villes et développer celle des campagnes, but qu'il faut incontestablement atteindre, si l'on veut décentraliser d'une façon sérieuse et durable.

V

Le canton est une division territoriale dont l'existence officielle remonte seulement au règne de l'Assemblée constituante de 1848.

Elle maintint par décret la division du territoire français en départements, arrondissements, cantons et communes, bien que jusque alors rien n'eût consacré d'une façon définitive et formelle cette division.

En effet, le canton, nommé pour la première fois en 89, fut supprimé, au point de vue administratif, par Bonaparte, qui lui laissa son rôle judiciaire en maintenant les juges de paix dans leurs circonscriptions cantonales. Sous la Restauration, MM. de Vaublanc et de Villèle, en proposant l'élection à deux degrés pour donner au vote plus d'extension, demandèrent de réunir les électeurs au chef-lieu de canton. Mais la Chambre conserva, comme théâtres des opérations électorales, les chefs-lieux d'arrondissement et de département. Plus tard, en

1829 , les appréciations de l'Assemblée se modifièrent. La Révolution de 1830 amena de nouvelles idées sur l'organisation municipale et départementale. MM. Vivien , de Rambuteau et Bérard entre autres réclamèrent tour-à-tour l'organisation cantonale, mais ce fut en vain. La République de 1848, tout en consacrant l'existence du canton, ne fit rien pour lui. Aujourd'hui encore , il existe de nom sans jouir d'aucune prérogative.

A quoi faut-il attribuer cet état de choses ? Évidemment à la crainte d'ajouter une nouvelle complication au fonctionnement déjà *si compliqué* de la machine administrative.

Si le système centralisateur pratiqué de nos jours devait rester en vigueur, si, pour obtenir la solution d'une question de quelque importance, il fallait, comme aujourd'hui, aller de la mairie à la sous-préfecture, de la sous-préfecture à la préfecture, de la préfecture à un ou plusieurs ministères, pour revenir à travers tous ces bureaux au point de départ, à Dieu ne plaise que nous demandions un rôle pour le canton ; mais si l'on consent enfin à ouvrir les yeux et si l'on veut sérieusement transformer l'administration française, il faut lui accorder l'importance que, depuis si longtemps, on réclame pour lui.

On a dit avec raison que le Conseil cantonal était un supplément du pouvoir municipal. En effet, quoiqu'on fasse, l'administration de la plupart des petites communes rurales laissera toujours à désirer, tant qu'elle sera livrée à elle-même et qu'une direction plus large et plus éclairée ne viendra pas jeter parfois des éclats lumineux sur des questions trop peu étudiées dans l'intérêt général. On est, dit-on, mauvais juge dans sa propre cause ; aussi, il est certain qu'un Conseil cantonal n'envisagerait jamais ces questions au point de vue des intérêts personnels comme un Conseil municipal pourrait le faire ; il est certain que les administrateurs municipaux hésiteraient bien plus à mettre en avant des idées fausses, des projets ridicules, ou à rejeter des propositions utiles, des plans avantageux, s'ils savaient que leurs délibérations seront examinées, discutées, peut-être modifiées par un Conseil composé d'hommes indépendants, connaissant leur commune et pouvant apprécier les causes de leurs décisions.

Le Conseil cantonal serait appelé à jouer un rôle d'autant plus important qu'il serait composé d'hommes tous parfaitement au courant des localités dont ils auraient à s'occuper, chose qui se rencontre rarement dans un Conseil général ou même d'arrondissement.

Aujourd'hui, que se passe-t-il lorsqu'une question locale divise un Conseil municipal ? Le préfet, qui se garde bien d'assister à une réunion de ce Conseil, consulte le maire sur le pour et le contre, s'informe dans les bureaux et faute de renseignements impartiaux et puisés sur place, risque trop souvent de donner un avis mal fondé et regrettable. Si, au lieu de cela, le Conseil cantonal était appelé à donner son avis motivé sur le différend, il n'en serait plus ainsi, et l'administration supérieure, éclairée par des renseignements émanant d'hommes de la localité, saurait à quoi s'en tenir bien mieux assurément qu'en consultant le maire intéressé dans l'affaire ou des employés de bureau.

La besogne et la responsabilité du pouvoir supérieur se trouveraient aussi considérablement simplifiées, car, puisant ses informations à des sources aussi fécondes, il trouverait dans l'administration cantonale un auxiliaire qui, en dehors d'elle, lui fera toujours défaut. Cela est vrai surtout pour les petites communes rurales : ce serait donc d'autant plus utile qu'elles sont moins connues et plus nombreuses que les grands centres de population.

Le canton a depuis longtemps été le point de mire de la plupart des hommes d'État. On l'utilise pour l'élection, le recrutement militaire, la perception de l'impôt, la justice, la vicinalité, la statistique ; toutes les grandes mesures administratives gravitent autour de lui, et pourtant il n'a pas encore reçu une place utile dans l'administration du pays. Il est temps de combler cette lacune et d'user d'un moyen basé sur l'expérience locale et sur l'indépendance éclairée d'hommes attachés au sol, pouvant étudier sur place les questions qu'ils auront à élucider.

Il faudrait élargir le cadre de ce travail pour faire bien comprendre les avantages devant résulter de l'organisation cantonale ; nous nous contenterons d'attirer l'attention sur les intérêts sociaux qui en profiteraient le plus.

Plaçons en première ligne l'Assistance publique.

La suppression de la mendicité, adoptée en principe dans la plupart des départements, a motivé la création de bureaux de bienfaisance communaux. Un certain nombre fonctionnent encore ; la plupart ont cessé d'exïster. Il en résulte que, malgré les nombreuses affiches ainsi conçues : *La mendicité est interdite dans ce département*, et placardées dans les moindres bourgades, on rencontre, en parcourant la France, bien des mendiants, soit sur les chemins, soit aux portes des habitations, soit dans des fermes où ils vont demander un gîte pour la nuit. A quoi faut-il attribuer ce déplorable état de choses ? A deux causes principales : d'abord à l'insouciance des administrateurs communaux ; puis à la parcimonie de cultivateurs peu disposés à partager avec d'autres le fruit de leurs labeurs.

Il n'en serait plus ainsi lorsque le Conseil cantonal serait chargé de donner l'impulsion et d'indiquer la voie à suivre aux personnes aisées du canton mises par lui en demeure de contribuer librement à la suppression de la mendicité ou de payer un impôt extraordinaire pour atteindre ce but.

Le système appliqué à l'éducation des enfants

assistés subit de justes critiques depuis assez longtemps· pour qu'il soit permis d'espérer qu'on arrivera enfin à le modifier. Mais malgré le bon vouloir que l'on rencontrera peut-être désormais dans la direction de l'assistance publique, ce ne sera pas chose facile de transformer une méthode mise en pratique et préconisée depuis soixante ans par l'administration.

Après avoir enlevé aux Sœurs de charité la surveillance de ces enfants qui leur avait été confiée par la loi de 1811, on a créé, avons-nous dit, des inspecteurs départementaux, et formé dans les communes des commissions de tutelle. Or, de l'avis même des membres de l'assistance publique, ces commissions remplissent, d'une manière fort incomplète, leurs devoirs de tutrices ; elles ne peuvent y suffire et ne fonctionnent, d'une manière à peu près régulière, que dans onze départements.

Quant aux inspecteurs, malgré leur zèle, ils sont dans l'impossibilité d'exercer un contrôle suffisant, une surveillance assez rigoureuse pour se rendre exactement compte des traitements que reçoivent leurs pupilles.

Si l'on consentait à généraliser un nouveau système que nous avons développé plus haut et dont nous avons déjà fait l'épreuve avec succès, l'organisation cantonale nous viendrait en aide dans une large mesure, et les commissions de tutelle fonctionneraient d'autant mieux qu'elles seraient soutenues et stimulées par le conseil du canton.

Le rôle de ces commissions serait très important, car elles devraient, suivant nous, ne pas se contenter de surveiller les enfants assistés en bas-âge, mais les aider par un bienveillant patronage à devenir dans leur adolescence d'honnêtes cultivateurs, et plus tard de bons pères de familles. La suppression des inspecteurs motiverait une heureuse économie, et le rétablissement des sœurs de charité au poste qui leur avait été confié par saint Vincent de Paul serait à tous égards une excellente chose.

On ne saurait indiquer tous les bienfaits devant résulter pour l'agriculture de l'organisation cantonale. « L'agriculture, science de détails et d'applications, profite peu des grandes lois qui, à tout prendre, ne sont bonnes que comme programme de l'intérêt qu'on porte aux classes agricoles (*) » Il n'existe rien de plus complexe que les intérêts ruraux, rien de plus local, de plus varié que les besoins des cultivateurs.

On a si bien reconnu l'évidence de cette vérité que la plupart des Sociétés d'agriculture d'arrondissement se transportent tour-à-tour dans les divers chefs-lieux de canton de leur circonscription, pour étudier sur place les progrès faits ou à faire par les

(*) Jules Chevillard. — *Études d'administration.*

hommes qu'elles veulent aider de leurs conseils et seconder dans leurs travaux. Nous pourrions citer des arrondissements comprenant des contrées n'ayant aucune analogie entre elles, envisagées au point de vue agricole, dont les mœurs, les us et coutumes, le langage même diffèrent essentiellement. Il suffit, du reste, pour prouver combien il est difficile de généraliser en fait d'agriculture, de rappeler ce qui s'est passé pour le Code rural. Mis à l'étude depuis vingt ans, il est à peine ébauché dans sa première partie, et ce que l'on en connaît laisse tellement à désirer qu'on doute qu'il voie jamais le jour. Un exemple puisé dans des faits récents suffira entre tant d'autres pour prouver qu'une assemblée cantonale a bien souvent sa raison d'être.

A la suite de la funeste invasion de notre territoire par les Allemands, des sociétés de secours destinées à venir en aide aux cultivateurs victimes de la guerre se sont formées à l'étranger. Leurs délégués, afin de répartir de la façon la plus équitable les semences dont ils disposaient, se sont adressés, soit à des présidents de comices, soit à des conseillers généraux qui ont convoqué, aux chefs-lieux de canton, des réunions composées des maires de la localité. Ceux-ci, munis de renseignements émanant la plupart du temps de leurs Conseils municipaux, ont pu mettre à même les délégués des Sociétés étrangères, non-seulement de se rendre compte des pertes subies par les cultivateurs, mais encore de répartir dans cette réunion de maires, véritable assemblée cantonale, les secours qu'ils offraient si généreusement à nos malheureux compatriotes.

Pour toute personne ayant souci des intérêts agricoles, le développement du canton est un objectif de la plus grande importance, et nous ne doutons pas que ce projet ne groupe autour de lui de nombreuses sympathies dans les campagnes.

On veut faire l'éducation politique des électeurs ruraux; il conviendrait assurément de s'occuper d'abord de leur éducation administrative. Le Conseil cantonal leur serait, sous ce rapport, d'un grand secours; car ils établiraient aisément des relations avec des hommes habitant avec eux un groupe de communes assez peu distantes pour qu'on puisse aller de l'une à l'autre sans quitter son domicile pendant plus d'une journée; un groupe de communes où les habitants se rencontrent dans un centre où se trouvent disposées lés ressources qui leur sont habituellement nécessaires (*).

Personne ne songe à contester l'importance du rôle que joue la viabilité dans les satisfactions à donner aux intérêts matériels des populations. Or, l'on a si bien compris qu'il existait une lacune entre les routes départementales et les chemins vicinaux ordinaires, qu'on a imaginé, en 1836, les chemins

(*) Définition du canton par le congrès de Nancy, de 1865.

d'intérêt commun, dont la direction et la surveillance reviendrait de droit au Conseil cantonal. Nous
allons plus loin, nous considérons son intervention
comme devant contribuer dans une large mesure au
développement intelligent et équitable de la viabilité
sous quelque face qu'on l'envisage.

Lorsqu'il s'agit du régime des eaux, du défriche-
ment des landes, du reboisement des montagnes,
les règlements administratifs ne font jamais défaut ;
mais entre le fonctionnaire dont dérivent les arrêtés
ou les circulaires et l'administré qui doit les mettre
en pratique, la force d'inertie s'interpose tellement
souvent que l'expression des idées les plus sages,
des projets les plus libéraux reste lettre morte et ne
produit aucun résultat fécond, parce que, pour
réaliser de nobles pensées, de grandes vues, il faut
non-seulement le vouloir, mais encore posséder les
éléments nécessaires à leur exécution. Parmi ces
éléments on doit placer en première ligne le bon
vouloir des hommes intéressés directement à la mise
en œuvre de ces pensées et de ces vues ; mais, chose
triste à constater, c'est trop souvent ce bon vouloir
qui fait défaut lorsqu'il n'existe pas, entre le pro-
moteur et l'exécuteur, un intermédiaire ayant pour
mission de stimuler le zèle des indifférents et d'é-
clairer les ignorants.

Le conseil cantonal serait cet intermédiaire et
donnerait un nouvel essor aux progrès acceptés
en principe, compris et désirés par une foule de

gens ayant confiance dans le succès de telle ou telle entreprise, mais manquant d'énergie, d'activité, de hardiesse pour prendre l'initiative de réformes utiles et d'améliorations fécondes.

L'organisation cantonale serait donc appelée à faire jouir les communes, leurs municipalités, et leurs habitants de nombreux bienfaits dont elles seront privées tant qu'il n'existera pas de trait-d'union entre l'administration supérieure et les administrés.

« Mais, dira-t-on, pourquoi ces bienfaits ne seraient-ils pas réalisés dans le système actuel de notre administration, pourquoi recourir à une organisation nouvelle ?

» Pourquoi ? parce que le préfet, non plus que le ministre ne peut entrer directement dans ces détails ; parce que le sous-préfet est trop loin de la commune, parce que le maire, si dévoué et si capable qu'il soit, n'est qu'un homme chargé de la responsabilité de sa famille et du poids de ses affaires, parce que la nature humaine est ainsi faite, qu'elle a besoin d'être sollicitée pour le bien, et qu'une bonne institution étant donnée, il faut l'entourer de protection et d'appui pour l'aider à vivre et surtout pour la faire prospérer (*). »

Il ne suffit pas, pour obtenir un résultat de quelque valeur, de démontrer la nécessité d'organiser la direction cantonale, il faut encore indiquer les

---

(*) M. Chevillard. — Division administrative de la France.

moyens pratiques à mettre en œuvre pour atteindre ce but.

Divers systèmes ont été mis en avant par les publicistes qui se sont occupés de cette question. Les uns ont fait entrer le curé du canton et le juge de paix dans le Conseil cantonal ; les autres les en ont exclus : certains ont demandé que tous les maires du canton fissent partie de cette assemblée ; d'autres au contraire ont réclamé pour les Conseils municipaux le droit de nommer des délégués *ad hoc*.

Nous nous rattachons entièrement à ceux-ci, et nous considérons la nomination d'un délégué, pouvant être ou ne pas être le maire, comme indispensable au fonctionnement, dans les conditions que nous avons indiquées, de l'administration cantonale.

En effet, il arrive trop souvent que des hommes possédant toutes les qualités nécessaires à un bon administrateur, sous l'influence de considérations diverses, ne veulent point être maires. Il serait fâcheux de leur interdire l'entrée du Conseil cantonal où souvent, par des idées larges et dépourvues de partialité, par une expérience sérieuse des affaires, par une indépendance à toute épreuve, ils pourraient éclairer bien des questions et rendre de réels services.

D'un autre côté, quoi qu'on fasse, le maire, relevant à plus d'un titre de l'autorité supérieure, pourrait subir, à moins qu'il ne possédât des qualités exceptionnelles ou une entière liberté d'esprit, l'influence de l'administration, influence dont il serait désirable d'affranchir le plus possible la direction cantonale.

Enfin quelle que soit la méthode adoptée pour la nomination des maires, le délégué représenterait d'autant mieux la commune qu'il serait l'élu de ses administrateurs municipaux.

A la tête de ce conseil composé d'hommes issus du suffrage universel à deux degrés nous placerons sans hésitation le conseiller général, le juge de paix et le curé du canton.

Pour qu'une assemblée fonctionne d'une façon satisfaisante, il ne suffit pas qu'elle soit composée d'hommes honorables, indépendants et animés du désir de bien faire, elle doit posséder dans son sein des personnes spéciales, capables de lui rappeler ses droits et ses devoirs, et de faire la lumière sur des questions pouvant être envisagées à un faux point de vue. On ne saurait reprocher à ces représentants de la justice, de la religion d'avoir une trop large part dans l'administration cantonale, puisqu'ils auraient à convaincre les délégués de tout le canton pour faire prévaloir leur opinion et adopter leurs idées.

Ainsi composé, le Conseil cantonal se réunirait comme les Conseils municipaux au moins quatre fois par an, et après ceux-ci dont ils auraient à examiner les délibérations, lesquelles serviraient de point de départ à ses travaux.

Si, libre enfin de toutes préoccupations politiques et possédant un gouvernement assez solidement établi pour sauvegarder son avenir, la France consentait à transformer son régime administratif, nous ne doutons pas que la direction cantonale ne fût appelée à rendre d'immenses services au pays par ses décisions basées sur l'expérience, le savoir-faire et la sagesse de ses membres.

VI.

Chez tous les peuples dont la civilisation est arrivée à un certain degré de perfectionnement, la commune joue un rôle important : elle est pour l'homme, après la famille, le foyer dans lequel viennent converger ses souvenirs, ses affections, ses espérances.

Quelqu'un a dit : « La commune c'est la paroisse, la paroisse c'est le christianisme, le christianisme c'est la civilisation dans les Gaules. »

En France, plus que partout ailleurs, l'amour du clocher est traditionnel, et l'attraction du sol qui nous a vu naître joue un rôle important dans notre existence. Cependant la liberté communale a rencontré de tout temps deux obstacles insurmontables dans le système centralisateur exploité par l'État.

« La commune, disait M. de Vatimesnil, dans un rapport présenté à l'Assemblée législative au nom de l'administration intérieure le 20 juin 1851, la commune n'est pas une association imaginée par le législateur et créée par une volonté arbitraire ; c'est la nature qui l'a faite ; c'est la nécessité qui a formé la commune, c'est la nécessité qui la maintient et qui la maintiendra toujours.

» Le lien qui unit les familles dont la commune se compose subsiste par sa propre force et d'une manière indissoluble.

» Après la religion, la famille et la propriété, ces trois grandes bases de toute société humaine, la commune est ce qu'il y a, parmi les peuples civilisés, de plus ancien, de plus respectable et de plus vivace. »

Après avoir lutté avec avantage pendant long-temps contre les aspirations despotiques du pouvoir suprême, elle a succombé faute d'hommes assez habiles pour s'entendre, se grouper et résister aux envahissements des dominateurs qui croyaient faciliter leur tâche en anéantissant tout genre d'in-dépendance.

Respectée par l'Assemblée Nationale de 89 qui l'appela municipalité, la commune fut anéantie par la constitution de 95 qui ne donna d'administration municipale qu'aux groupes de cinq mille âmes. La loi du 28 pluviôse revenait sur cette décision ; accordait un maire, un adjoint et un conseil mu-nicipal aux villes, bourgs et autres lieux dont la population n'excédait pas cinq mille habitants.

Le Consulat et l'Empire ne modifièrent rien à cet état de choses jusqu'en 1813 époque à laquelle l'État s'empara des biens communaux et leur substitua des rentes 5 p. %.

La Restauration rendit aux communes les terrains restés encore en la possession de l'État, dont elles avaient été dépossédées par l'Empire. Elle afferma les biens communaux qui n'étaient pas nécessaires à la dépaissance des troupeaux, publia le code forestier et sut par des mesures favorables aux communes raviver dans les cœurs l'amour du sol natal.

Personne ne conteste aujourd'hui la nécessité de développer les libertés communales, et chacun cherche le meilleur moyen à mettre en œuvre pour atteindre ce but. Mais une difficulté dont l'importance est incontestable frappe tous les hommes pratiques ayant étudié cette question. Il est impossible de constituer d'une façon sérieuse une administration municipale à certaines communes dont le chiffre de la population s'élève à peine à 200 habitants. Et cependant ces petits groupes de citoyens tiennent à conserver l'autonomie de leur paroisse et rejettent bien loin toute idée de fusion avec leurs voisins.

Suivant M. Odilon Barrot, le fractionnement des communes rurales est un obstacle matériel, puisé dans la nature des choses, à une bonne et forte organisation municipale, telle que nous pourrions la désirer.

Dans l'Amérique du Nord, où la commune est une véritable puissance, les circonscriptions municipales occupent en moyenne 7 lieues carrées, tandis qu'en France la moyenne de leur surface territoriale ne dépasse pas trois-quarts de lieue.

Nous connaissons des paroisses de quatre-vingts et quelques habitants où 30 électeurs doivent trouver parmi eux dix hommes capables de diriger l'administration municipale.

En France, sur 37,000 communes, il y en a 27,000 d'une population au-dessous de 1000 habitants, et 10,000 au-dessous de 500. Ces dernières sont assurément incapables de se diriger elles-mêmes.

Le problème à résoudre nous semble pouvoir se formuler ainsi : Comment conserver aux plus petites comme aux plus grandes communes leur indépendance et les doter d'administrateurs impartiaux et capables ?

La question étant ainsi posée, sa solution exige :

1° Des modifications à la loi municipale ;

2° La création de Conseils cantonaux.

La plupart de nos lois, il faut bien le reconnaître, sont d'ordinaire préparées par des jurisconsultes qui, vivant dans les villes, connaissent trop peu les campagnes pour tenir assez compte de leurs mœurs, de leurs besoins et de leurs aspirations. Ils se préoccupent vivement de l'effet devant être produit par ces lois sur Paris, sur Lyon, sur Bordeaux, en un mot de la façon dont elles seront acceptées et exécutées dans les grands centres de population ;

mais ils ne songent point assez à leur application par les populations rurales.

On est frappé de cette vérité surtout lorsque l'on voit fonctionner la loi municipale dans les petites communes où si peu d'électeurs doivent élire un si grand nombre de conseillers, et l'on se demande s'il serait raisonnable d'élargir le cercle des attributions municipales si la loi actuelle devait rester en vigueur.

Pour prouver combien l'ignorance et l'aveuglement sont parfois le fait des Conseils communaux, il suffit de citer quelques exemples entre tant d'autres.

Une commune des Vosges, dans laquelle les enfants sont employés dès l'âge de raison à de petits travaux manuels, était depuis longtemps mise en demeure par le préfet du département, de voter les fonds nécessaires à la construction d'une maison d'école. Pour éviter d'en venir à une imposition d'office, ce magistrat se rendit sur les lieux, réunit le Conseil municipal et chercha par toutes sortes d'arguments à le convaincre de la nécessité de construire cet édifice. Après avoir longtemps hésité, le maire prit la parole au nom de l'assemblée; il insista sur le désir qu'avaient les pères de famille de conserver leurs enfants à la maison pour les utiliser et conclut ainsi :

« Hé bien! M. le Préfet, afin de vous prouver notre désir de vous être agréable, nous voterons les fonds demandés pour la construction d'une école, à la condition qu'on n'y apprendra ni à lire, ni à écrire (*). »

Ailleurs, une commune ne possédant ni presbytère, ni maison d'école, réclamait depuis longtemps un curé et un instituteur, on trouva moyen de leur donner l'un et l'autre en fondant un établissement de bienfaisance ; le Conseil municipal sachant la chose décidée ne voulut voter ni l'indemnité de logement que la loi accorde aux desservants qui se logent à leurs frais, ni les appointements de l'instituteur.

Ailleurs encore, un Conseil communal refusait de voter pour les réparations d'une église tombant en ruines huit cents francs qu'on lui demandait afin d'en obtenir deux mille.

On n'en finirait pas si l'on voulait énumérer toutes les fautes commises par les administrateurs municipaux de petites communes, résultant soit de leur ignorance, soit de leur partialité, soit de leur crainte de se dépopulariser, soit enfin trop souvent de leur parcimonie.

Ils ne sont pas, il faut bien le dire, la plupart du temps, à la hauteur de la mission qui leur est confiée, parce qu'ils n'ont ni l'indépendance ni le savoir-faire nécessaires. Cet état de choses résulte généralement de ce que le territoire de ces communes

______

(*) Cette réponse incroyable s'explique par l'intention qu'avaient les habitants de cette commune d'employer, même dans une école, leurs enfants à des travaux manuels.

appartient en grande partie à des propriétaires n'y résidant pas, dont les principaux sont convoqués lorsqu'il s'agit de réunions des plus imposés ; réunions auxquelles ils assistent d'autant plus rarement que bien souvent ils sont appelés le même jour dans plusieurs communes.

Puisque le législateur a eu l'heureuse idée de faire jouer un rôle aux plus haut imposés, pourquoi n'a-t-il pas donné plus d'importance à ce rôle ? Suivant nous, là est le nœud de la question.

Au lieu d'obliger un petit groupe d'électeurs (30 ou 40 quelquefois) de trouver dans son sein des capacités, ne pourrait-on pas se contenter de lui faire élire cinq conseillers ?

Les cinq autres destinés à compléter l'administration municipale seraient de droit les plus haut imposés. Afin d'éviter l'inconvénient que nous signalions de plusieurs convocations pour le même jour, chacun de ces propriétaires aurait le droit de déléguer ses pouvoirs à un mandataire qu'il désignerait au commencement de chaque année.

Ce système présente le double avantage de satisfaire d'un côté les amis du suffrage universel et de l'autre les partisans de la direction administrative par les principaux possesseurs du sol. Il est conforme aux idées adoptées aujourd'hui en France pour les élections, et à celles mises en pratique dans les cercles allemands pour l'administration territoriale.

On éviterait ainsi bien des inconvénients résultant

dans maintes localités d'un esprit de coterie étroit,
mesquin, peu soucieux des vrais intérêts du pays,
qui motive quelquefois le triomphe de listes électorales fâcheuses au point de vue du progrès et de la
prospérité agricole ou commerciale.

On doterait la commune d'un Conseil municipal
comprenant les besoins et les désirs des masses
aussi bien que les intérêts et les aspirations des
grands propriétaires.

On fournirait enfin aux petites localités comme
aux autres le moyen d'intéresser directement à leur
direction des hommes expérimentés, impartiaux et
capables de maintenir l'administration communale
au niveau qu'elle doit toujours conserver.

VII.

Résumons-nous. Dans la première partie de ce travail nous avons cherché à établir que la centralisation administrative, poussée à ses dernières limites par les gouvernements qui se sont succédé en France depuis 80 ans, surtout par la République et l'Empire, après les avoir aidés à exercer le pouvoir absolu, loin de leur avoir été de quelque secours au moment du danger, avait contribué à hâter leur chûte.

La centralisation sert le despotisme qui engendre le servilisme. Faute d'écoles politiques et de fonctions qui permettent aux administrateurs de conserver une certaine indépendance, la France manque d'hommes d'État.

Il n'en serait pas de même si le pays possédait des assemblées provinciales où l'on traiterait la plupart des questions aujourd'hui soumises aux chambres et si des préfets élus par ces assemblées dirigeaient avec elles l'administration des provinces.

Après avoir indiqué les inconvénients du système

actuel, nous nous sommes efforcé de démontrer qu'il serait préférable de lui en substituer un autre basé sur le rétablissement de la Province divisée en arrondissements, en cantons et en communes.

Le but de la Révolution, en divisant la France par départements, a été de se donner un instrument d'élection bien plus qu'un cadre d'administration. Le gouvernement, du reste, reconnaissant de fait la faiblesse de la division départementale, est revenu de lui-même au système provincial, lorsqu'il a partagé le pays en académies, en provinces judiciaires, en divisions militaires, en régions agricoles, en conservations forestières.

L'unité de la France ne peut courir désormais aucun danger. La fusion s'est assez opérée, l'amour de la Patrie s'est assez développé pour qu'on ne puisse plus redouter le morcellement du territoire.

Lorsque depuis près d'un siècle on fait fausse route, il faut avoir le courage de le reconnaître. Personne en Europe n'a été tenté de transformer sa division territoriale pour adopter la nôtre. Le système provincial satisfait tous ceux qui l'ont adopté : il faut y revenir.

Jetant ensuite un coup-d'œil sur l'organisation militaire de la Prusse, point de mire de bien des études en ce moment, nous avons constaté qu'elle reposait sur la division du territoire en provinces et cercles, et que la facilité avec laquelle on passait dans ce pays du pied de paix au pied de guerre était due au système des corps d'armée provinciaux.

Nous avons constaté que la plupart des publicistes décentralisateurs considèrent l'arrondissement comme inutile ; sans partager leur opinion à ce sujet, nous faisons bon marché du Conseil d'arrondissement, rouage essentiellement insignifiant, mais nous réclamons la conservation du sous-préfet comme agent intermédiaire entre le Conseil cantonal et l'administration provinciale. Si nous demandons le maintien de l'arrondissement comme division administrative, nous ne l'admettons point comme personne morale.

Le canton devrait, suivant nous, jouer un rôle très important. La plupart des communes ne sont pas capables de s'administrer elles-mêmes. Il faut un contrôle aux décisions des Conseils municipaux : ce contrôle serait exercé par un Conseil cantonal composé d'hommes de la localité, dans des conditions bien préférables à celles résultant de la direction préfectorale.

Le canton a été depuis longtemps le point de mire de la plupart des hommes d'État ; cependant il n'a pas encore reçu sa place dans les institutions du pays. Il est temps de combler cette lacune et d'user d'un moyen basé sur l'expérience locale et sur l'indépendance éclairée d'hommes attachés au sol, pouvant étudier sur place les questions qu'ils auraient à élucider. L'assistance publique et l'agriculture trouveraient un puissant auxiliaire dans le Conseil cantonal qui contribuerait dans une large mesure au développement de l'éducation administrative des populations rurales.

Enfin nous avons reconnu la nécessité non-seulement de conserver la commune, mais de grandir son importance en constituant d'une façon plus logique la direction municipale. Pour obtenir ce résultat, nous avons proposé d'adopter pour la formation des Conseils communaux, un système mixte destiné à satisfaire les partisans de la méthode française basée sur le suffrage universel, et ceux du système allemand qui confie l'administration locale aux principaux propriétaires.

Il s'agirait de partager la direction communale entre les élus du suffrage universel et les plus haut imposés, en composant le Conseil municipal moitié des uns, moitié des autres.

Cette idée, que nous croyons être neuve, nous semble offrir d'énormes avantages. Nous la considérons comme devant servir de base à la réorganisation administrative de la France. Son application, essentiellement conservatrice, contribuerait dans une large mesure à rendre la direction des affaires locale à des hommes sages, indépendants, impartiaux et capables d'envisager d'une façon intelligente et pratique les questions qu'ils traiteraient. Nommant maires, adjoints, délégués cantonaux, ces conseils joueraient un rôle d'une importance incontestable.

Voici maintenant la formule d'après laquelle nos vues pourraient être mises en pratique :

La France est divisée en communes, en cantons, en arrondissements et en provinces.

La commune est administrée par un Conseil municipal, composé moitié d'hommes élus par le suffrage universel, moitié de ses plus haut imposés. Ceux-ci peuvent, s'ils n'y résident pas, choisir un mandataire pour les représenter dans les réunions municipales.

Le Conseil municipal nomme son maire, ses adjoints et, suivant la population de la localité, un ou plusieurs délégués destinés à représenter la commune au Conseil cantonal. Les maires et les adjoints peuvent être délégués.

Le canton est administré par un Conseil composé du conseiller général, du curé de canton, du juge de paix et des délégués communaux. Toute délibération d'un Conseil municipal doit être approuvée par le Conseil cantonal pour être rendue exécutoire. Les sessions de ce conseil ont lieu tous les trois mois et lorsque cinq de ses membres le demandent.

L'arrondissement est dirigé par un sous-préfet ayant pour mission de veiller à l'exécution des décisions du Conseil cantonal et de lui servir d'intermédiaire auprès du pouvoir judiciaire et de l'administration provinciale. Ce fonctionnaire est élu par le Conseil provincial, dont il fait partie avec voix consultative.

La province est gouvernée par un préfet et par un Conseil général composé d'autant de membres qu'il y a de cantons dans son territoire. Les conseillers généraux sont élus par les délégués communaux. Le préfet est nommé par le Conseil général. Chaque province envoie à l'assemblée législative un député par trois arrondissements, élu par ce Conseil.

Les élections ont lieu tous les cinq ans.

La défense du territoire français est confiée à une armée composée d'autant de corps qu'il existe de provinces et comprenant l'armée active, la réserve et la garde mobile.

Nous nous réservons d'indiquer dans une publication plus complète les attributions de chacun des Conseils administratifs dont il vient d'être question.

Quant à la forme du gouvernement, quoique nous ayons eu pour but surtout de faire toucher du doigt les inconvénients de la méthode administrative mise en pratique depuis quatre-vingts ans, et les avantages de celle que nous préconisons, nous croyons ne pas pouvoir passer sous silence une question aussi grave, aussi vitale, et d'où dérivera forcément l'application ou le rejet de notre système administratif.

Nous l'avons dit déjà dans ce travail : pour nous, il n'existe pas de pouvoir plus despotique que celui qui est basé sur les idées révolutionnaires mises en pratique par la République et l'Empire. Il n'y a pas de plus affreux despotes que les ambitieux et les parvenus. Nous trouvons, au contraire, les tendances les plus libérales, les idées les plus larges dans les projets formulés par Louis XVI, par Louis XVIII et dans les écrits de Monsieur le Comte de Chambord. Nous ne craignons pas d'affirmer qu'avec la République nous aurions à subir la centralisation administrative et le despotisme, tandis qu'avec la monarchie nous inaugurerions une ère de douce et sage liberté basée sur la décentralisation.

Si, laissant de côté les idées préconçues, les tendances et les calculs personnels, pour écouter la voix du patriotisme, on consulte l'avenir de la France, on ne saurait accepter la perspective d'un gouvernement républicain et révolutionnaire. La grandeur d'un peuple ne dépend pas seulement de ses institutions et de son organisation intérieure, elle dépend aussi de ses relations extérieures et de ses alliances.

La République de 89 avait la prétention de faire subir ses idées à l'Europe entière : nos victoires devaient prolonger les illusions, et jusqu'ici la France pouvait encore, comptant sur l'héroïsme de ses enfants, se figurer qu'elle dicterait des lois aux autres puissances continentales. Aussi MM. Gambetta, Jules Favre et Crémieux ne craignaient-ils pas de parler au nom de la République universelle.

Aujourd'hui les illusions ne sont plus permises : il faut des alliés à la France pour conserver le rang qu'elle doit occuper parmi les nations civilisées et pour sauvegarder à l'avenir l'intégrité de son territoire. Or, pas plus que l'Empire, la République ne trouverait d'alliances sincères, solides et durables. Réduite à l'isolement, qui nous a été si funeste dans notre guerre contre la Prusse, elle verrait tôt ou tard les souverains légitimes se coaliser contre un gouvernement ayant pour objectif le renversement des trônes ; elle verrait deux colosses, sinon trois, au lieu d'un, écraser par le nombre ses valeureux soldats, envahir et peut-être démembrer son territoire.

Au contraire, si la monarchie rendait à la France le calme qui dérive de la confiance et la prospérité qui engendre la richesse, si par ses relations cordiales et d'autant plus sincères qu'elles auraient pour garant des idées identiques, le Roi de France s'assurait l'amitié et l'alliance d'autres souverains, nous pourrions non-seulement braver toute attaque, mais imposer nos lois à qui ne voudrait pas respecter nos idées.

Ainsi d'un côté la centralisation et le despotisme à l'intérieur, conduisant infailliblement à la révolution ; et l'isolement à l'extérieur préparant l'invasion, voilà la République : de l'autre, la décentralisation et la liberté au dedans ouvrant une ère de prospérité ; et des alliances solides au dehors assurant la conservation de notre territoire et le respect de nos volontés, voilà la Monarchie.

Il est temps de choisir.

9 782011 750020